LES MICRO-COMPETENCES
DE COACH SYSTEMIQUE,
AU QUOTIDIEN

ALAIN CARDON MCC
COLLECTION COACHING SYSTEMIQUE

Du même auteur
(avec quelques traductions)

- L'Analyse Transactionnelle, Alain Cardon, (avec Vincent Lenhardt et Pierre Nicolas) Editions d'Organisation, Paris, 1979
- Analiza Transactionala Alain Cardon, (avec V.Lenhardt et P.Nicolas, Traduction Roumaine) Editura Codecs, Bucarest, 2002
- Jeux Pédagogiques et Analyse Transactionnelle, Alain Cardon, Ed. d'Organisation, Paris, 1981
- Vocabulaire d'Analyse Transactionnelle, Alain Cardon (avec Laurent Mermet), Ed. d'Organisation, Paris, 1982
- Le Manager et son Equipe, Alain Cardon, Ed. d'Organisation, Paris, 1986
- Profils d'Equipe et Cultures d'Entreprise, Alain Cardon, Ed. d'Organisation, Paris, 1992
- Profili d'Equipe E Culture d'Emprese, Alain Cardon,(Traduction Italienne) Franco Angeli, Milano, 1993
- Décider en Equipe, Alain Cardon, Ed. d'Organisation, Paris, 1993
- Les Concepts Clés d'Analyse Transactionnelle, Alain Cardon, (avec Laurent Mermet et Annick Thiriet-Tailhardat), Ed. d'Organisation, Paris, 1993
- Jeux de Manipulation, Alain Cardon, Ed. d'Organisation, Paris, 1995
- Jocurile Manipulari,Alain Cardon (Traduction Roumaine) Editura Codecs, Bucarest, 2002
- Pour changer, Alain Cardon, (avec J-M Bailleux), Ed. d'Organisation, Paris, 1998
- Le Coaching d'Equipes, Alain Cardon, Ed. d'Organisation, Paris, 2003
- Coaching de Equipos, Alain Cardon, (traduction Espagnole) Gestion 2000, 2005
- Coaching Pentru Echipele de Directori, Alain Cardon,(Traduction Roumaine) Editura Codecs, Bucarest 2003.
- Leadership de Transition, Alain Cardon, Ed. d'Organisation, Paris 2004
- Mieux vivre avec l'Analyse Transactionnelle, Alain Cardon, (avec V. Lenhardt et P. Nicolas) Editions Eyrolles, 2005
- Coaching si leadership in Procesele de Tranzitie, Alain Cardon (Traduction Roumaine) Editura Codecs, Bucarest, 2006
- Comment Devenir Coach, Alain Cardon, Editions Eyrolles, 2008
- Cum Poti deveni Coach, Alain Cardon (Traduction Roumaine) Editura Codecs, Bucarest, 2008
- Dictionaire Commenté du Coaching, Alain Cardon, Editions Eyrolles, 2009
- Dictionar de Coaching, Alain Cardon, Editura Codecs, Bucarest, 2011
- L'Art Véritable du Maître Coach, Alain Cardon, Interédition, 2011
- Adevarata Arta aUnui Master Coach, Alain Cardon (Traduction Roumaine) Editura Codecs, Bucarest, 2012
- Quantum perspectives in Systemic Coaching, Alain cardon, Amazon Books, 2020
- Cas Annotés de coaching systémique, Alain Cardon, Amazon Books, Kindle, 2020
- Les paradoxes du coaching systémique, Alain Cardon Amazon & Kindle Books, 2020

Alain Cardon

Ethnologue, formé initialement aux Etats-Unis, Alain Cardon MCC est, depuis 1979, formateur, puis consultant, puis coach. Il est membre et maître coach certifié de l'International coach Federation depuis 2002. Il dirige Métasystème Coaching SAS en France et SRL en Roumanie, et a fondé deux écoles de coaching systémique dans ces pays et en ligne.

Basé aujourd'hui à Paris et Bucarest, il est spécialiste international de coaching systémique individuel, d'équipe et d'organisations. Auteur de près de vingt ouvrages sur ces métiers, il accompagne en coaching de transformations culturelles d'entreprises, avec pour mission : permettre le développement de la performance des hommes, de leurs équipes et organisations.

TABLE DES MATIERES

AVANT PROPOS

« Soyons glocaux »

L'expression ci-dessus dérivée du néologisme anglais de « *glocalization* » a fait son chemin en approche système. Dans ce cadre de référence totalement inclusif, la notion de *glocalité* exprime presque comme une boutade l'utilité à la fois :

- d'avoir une bonne compréhension ou niveau de conscience global, et
- de savoir agir de façon efficace au niveau local.

Il est certainement utile de souligner l'importance, l'intérêt d'une démarche systémique lorsqu'elle repose sur ses deux socles. Beaucoup trop de théoriciens, de coachs systémiques voire de personnes capables de très bonnes analyses globales pensent que les solutions doivent aussi être posées au niveau planétaire, ou rien. D'après cette approche si la pollution globale, le réchauffement climatique planétaire, les pandémies, la faim et la pauvreté sont des fléaux internationaux, il faut que quelque chose soit fait par les Nations Unies, L'OMS, des ONGs, l'Europe, etc.

- **Attention** : Pour l'approche système, l'attente que tout soit réglé par le haut fait partie du problème, pas de la solution. Pour être efficace, l'action se doit d'être locale !

La pollution globale, le réchauffement climatique, la pandémie, et tous les autre enjeux internationaux ne peuvent être résolus que par l'addition des gestes lue chacun, au sein de leurs environnements immédiats. Il est nécessaire que tout un chacun agisse dans son environnement proche, c'est à dire au sein duquel il a des moyens et exerce une vraie responsabilité.

- Ce n'est que si chacun s'applique à lui-même et à ses contacts directs des gestes barrières qu'une pandémie peut être contrôlée.
- Ce n'est que si chaque personne et chaque foyer diminuent radicalement sa propre empreinte carbone que le climat sera

positivement affecté.

- Ce n'est que si chaque personne et chaque commerçant refusent d'acheter quoique ce soit en emballage plastique que la pollution globale baissera.
- Etc.

Si une personne ne modifie pas son propre comportement dans un sens ou un autre en prenant ses responsabilités locales, à quoi peut bien servir diverses analyses et démonstrations globales ? La bonne compréhension d'un problème, voire la très bonne connaissance de ses causes et effets systémiques, n'a jamais mis en œuvre des solutions, ni ponctuelles ni durables.

- En médecine aussi, l'excellent diagnostic d'une maladie, comme la connaissance de son origine et de la façon dont elle se propage, ne présagent en rien de notre capacité de la soigner. Le diagnostic n'est pas le plan de traitement. Quelquefois d'ailleurs le traitement est aussi nocif, sinon plus, que la maladie !

Par conséquent, si l'analyse globale est presque toujours intellectuellement très intéressante, même très valorisante pour les intellectuels, elle ne sert absolument à rien sans un exercice beaucoup plus individuel puis communautaire de responsabilité dans l'action locale. Ce qui semble manquer le plus dans tout ce que l'on entend sur l'approche système, c'est sa pratique résolutoire, à condition de reposer sur la mise en œuvre de solutions locales mesurables.

- **Exemple** : Tout le monde est convaincu qu'il existe un réel problème de réchauffement climatique. Combien parmi nous se sont débarrassés de leurs voitures individuelles, ont doublé l'isolation thermique de leur domicile ?

Lorsqu'il n'y a pas d'action, il n'y a que des discours. D'ailleurs l'ampleur des discours est souvent directement proportionnelle au manque d'actions. Donnons un peu plus de parole aux actes ! Mais il est très utile d'informer après avoir agi !

- Cela veut dire qu'après une mise en œuvre locale, pour obtenir un effet d'envergure un peu plus large, il est utile d'informer son entourage direct, en communiquant toutes les mesures pertinentes.[1]

----

[1] L'importance des mesures sera abordé chapitre III

Dans notre exemple automobile et domicile, louer une voiture les cinquante-deux week-ends de l'année, revient moins cher qu'en posséder une. L'investissement d'isolation de son domicile afin de réduire la consommation de chauffage de 25 %, est payé en quatre ans. L'addition de ces deux actions locales, à la portée d'une seule personne responsable d'un foyer[2], permettrait à beaucoup de disposer d'au moins 10 % d'augmentation de revenu. Ces chiffres parlent !

- Avec ses chiffres, chacun peut ensuite avoir un effet un peu plus large, au sein de son réseau immédiat. Après avoir agi dans son propre champ de responsabilité, puis mesuré le résultat de ses actions, il est utile de communiquer.

Deuxième étape d'une approche locale, cette communication mérite d'être d'abord diffusée au niveau d'une communauté à peine plus étendue, d'un village, d'un quartier, d'un cercle d'amis, d'une entreprise, voire d'une ville. Lorsque certaines associations, entreprises, organisations locales informent de façon chiffrée toute la population environnante de leurs initiatives innovantes et totalement cohérentes avec leurs intérêts personnels et financiers, les effets d'initiatives locales commencent à s'étendre. Tout simplement, par modélisation.

- A partir d'une action locale presqu'insignifiante, l'effet de levier viral révèle la magnifique puissance d'une action systémique pertinente. Sans action locale, l'approche système n'est que théorie stérile. Avec un suivi démultiplicateur, elle commence à changer le monde.

Exactement comme le fait une infection pandémique dans la maladie, l'effet systémique agit dans le constructif et positif. Lorsque chaque acteur positif en influence au moins deux autres, l'effet démultiplicateur peut devenir un raz de marrée exponentiel. Bien entendu, if faut d'abord que les deux premières étapes, celle de mises en action mesurable puis celle d'information des résultats, soient bien mises en œuvre. C'est souvent là que le bât blesse.

Ce n'est pas la peine de faire ici l'inventaire de toutes les raisons pour lesquelles nous préférons tous briller par des analyses globales. Elles sont souvent parsemées de discours stériles qui soulignent les actions néfastes qui ont provoqué les problèmes. Elles pointent la responsabilité ou la passivité des autres, critiquent en moralistes les actions et non-actions de nos gouvernants nationaux et internationaux, manifestent nos colères contre

---

[2] Un foyer de consommation carbone, bien entendu.

nos boucs émissaires, etc. Tout cela détourne l'attention de l'action, ne fait qu'éviter d'agir dans une mise en œuvre locale et responsable. A nouveau, si nous comprenons très bien l'état des choses au niveau global, la seule action réellement efficace est toujours locale. Le reste n'est que philosophie dans la passivité. Alors, agissons un peu plus en glocaux.

Bien entendu, pour chacun d'entre nous, le plus local qui soit se situe dans notre entourage proche, dans notre activité de tous les jours, dans nos routines personnelles, dans nos rituels familiers et familiaux, dans nos habitudes professionnelles et sociales.

- Malheureusement, lorsque l'on veut avoir une visée globale, le champ d'action local, c'est à dire à la portée d'un seul individu, peut être perçu comme extrêmement restreint, lent et difficile.
- Mais lorsque l'on veut vraiment passer à l'acte, ce même champ d'action offre d'innombrables possibilités d'engagements personnels et de réseaux.

Bien entendu, chacun peut avoir plus ou moins de responsabilités et moyens d'action. Un chef d'entreprise peut avoir plus de capacités de responsabilité et d'action qu'un chef d'équipe ou de famille, et moins qu'un PDG de multinationale ou élu national. Là n'est pas le propos systémique. Le propos est d'agir, chacun au sein son propre environnement local.

L'action locale dans le temps.

Une deuxième dimension importante des véritables actions locales les situe dans des temps courts. En effet, ce qui peut se passer une fois par minute, par exemple, est bien plus local qu'une fois par mois ou par an.

- Si nous voulons mettre en œuvre une action véritablement pertinente et efficace pour mettre en œuvre un changement que nous voulons durable, il est bien plus utile de le faire une fois par heure plutôt que par jour, deux fois par mois plutôt que par an.

Afin de vraiment avoir des résultats dans le bons sens, les actions qui ne sont qu'occasionnelles sont purement symboliques. Elles donnent bonne conscience, impressionnent la galerie, servent à faire de beaux discours. Elles peuvent avoir valeur d'exemple mais pour changer le monde, il en faut des milliers. Un exemple ne change rien de mesurable dans le temps, il n'est qu'une démonstration intellectuelle. La réelle mise en œuvre nécessite bien plus de suivi quotidien, de mesures de progrès, d'ajustements progressifs dans le temps, de communication pertinente sur chacun des petits ruisseaux qui finissent par alimenter de grands fleuves.

- Tous les entrepreneurs vous le diront, la réussite repose sur de la constance, de la persistance infaillible, de l'action quotidienne, soutenue heure par heure sur une période de plusieurs années.

Un très long voyage de deux mille kilomètres pour rejoindre Compostelle à partir de Paris n'est rien d'autre qu'une addition de pas de moins d'un mètre, heure après heure, jour après jours pendant six mois. Pour véritablement changer de comportement, il faut faire qu'un exemple devienne une nouvelle habitude. Il s'agit ici de la même différence entre faire un régime pour perdre du poids, et changer de régime pour changer de poids. La première action, passagère, ne permet qu'une petite pause avant de revenir aux anciennes habitudes. La seconde devient durable. Notez, en passant que le même mot régime n'a pas du tout le même sens dans les deux phrases.

- Pour revenir à la mise en œuvre d'actions locales, il est nécessaire d'installer de façon permanente un réel changement d'habitudes comportementales.

Il s'agit alors de choisir quelques comportements habituels de non-performance et de les remplacer par d'autres bien plus utiles pour soi comme pour notre environnement local. Pas une fois pour voir, pas dix fois en une semaine pour s'en trouver satisfait, mais pour toujours pour se transformer.

Venons-en aux micro-compétences proposées dans cet ouvrage : Il s'agit de changements d'habitudes comportementales et linguistiques que chacun peut décider de mettre en œuvre, et rôder tous les jours. Il suffit de les appliquer pendant au moins un mois pour les inscrire durablement dans ses habitudes.

Il s'agit donc là de rodage systématique, quotidien, à la façon d'un entrainement en salle de musculation pour développer de nouveaux muscles. Il s'agit de faire ses gammes de piano afin de développer son agilité, ou de quotidiennement pratiquer des longueurs de piscine pour exercer son souffle et son endurance.

- Le propos ici est à l'inverse opposé de l'énonciation « je pense donc je suis ». Il s'agit là d'un nouveau « je m'exerce donc je deviens ».

Jusqu'à nouvel ordre, la pensée n'a jamais modifié la matière. Constatons le : « Je pense donc je ne fais que penser ». L'approche ici est presque totalement comportementalisme ou behavioriste.

Le comportementalisme peut heurter certains philosophes par ailleurs intéressants, mais il se trouve au cœur de ce qui est maintenant appelé la neuro-plasticité. Nous savons aujourd'hui que le changement répété de comportement change l'alignement de nos synapses. Le contraire n'est pas possible. Les synapses ne se réorganisent pas toutes seules. Elles ne le font que lorsque elles doivent s'habituer à un changement de comportements, souvent provoqué par une évolution dans l'environnement. Or c'est notre enjeu de société humaine aujourd'hui !

Pour en revenir à la nécessité d'agir localement, c'est à dire en nous et par nous-mêmes, il nous est utile de rapidement inventorier :

- Des formes d'actions courtes, c'est-à-dire bien ciblées et qui peuvent avoir un effet immédiatement positif et mesurable.
- Que nous pouvons mettre en œuvre dans nos environnements locaux, nos entourages immédiats.
- De façon répétée tout au long de toutes nos journées, toute l'année.

Il s'agit là des micro-compétences que nous proposons au sein de cet ouvrage. Ces micro-compétences sont des façons mesurables d'agir et de réagir au sein de toutes nos relations quotidiennes, même avec nous-mêmes.

Ce sont des micro-compétences issues de la pratique ou de la philosophie du coaching systémique. Non qu'elles soient utilisées telles quelles par des coachs, mais elles sont toutes issues du cadre de référence du coaching systémique. Il s'agit là des façons de percevoir, de réfléchir, de sentir et d'agir que peut avoir un coach systémique pour mener à bien sa propre vie, afin d'accompagner ses clients autrement.

L'équipe, vecteur immédiat du professionnel

Neuf fois sur dix lorsqu'un salarié mécontent démissionne de son entreprise, la raison réside dans son environnement direct, au sein de son équipe quotidienne.

- Au delà de l'individu, l'équipe est l'équivalent de la famille.

- Dès que nous sommes deux, nous pouvons commencer à faire équipe, ce qui mène souvent à croitre.
- L'équipe, le premier niveau de complexité supérieure à la personne, le premier niveau local qui dépasse l'individuel.
- Une entreprise est le niveau juste au-dessus d'une multiplication d'équipes ou d'une équipe d'équipes.

Il s'ensuit qu'au-delà d'une application personnelle, toutes les micro-compétences gagnent à être ensuite déclinées au sein de nos familles et de nos équipes. Par conséquent, ces systèmes collectifs sont le premier creuset au sein desquels il sera utile de tester, rôder, installer, diffuser la pratique des diverses micro-compétences personnelles.

Depuis les années 1990 en entreprise, le rodage de micro-compétences se fait déjà de façon relativement formelle, avec une méthode dite de « réunions déléguées »[3]. Nous y ferons référence plusieurs fois au sein des chapitres qui suivent. Malheureusement, beaucoup de personnes qui l'utilisent ne s'en servent que comme une méthodologie de conduite de réunion. Elle est certes efficace mais n'est malheureusement pas utilisée comme un véhicule dont la finalité est de transformer la culture d'un système collectif.

Peu de personnes conçoivent que les « rôles délégués » de conduite de réunion sont beaucoup plus qu'une pratique comportementale utile en réunion. En réalité, ces rôles ne sont qu'une déclinaison locale de micro-compétences de vie, à mettre en œuvre partout ailleurs, comme en réunion. Le résultat actuel devient que ces rôles presque universellement utiles, tous les jours et partout, sont occasionnellement appliquées en réunions d'équipes puis aussitôt oubliés dès la réunion est terminée.

- **Attention :** Lorsque nous prenons les moyens qui permettent d'atteindre une finalité et nous les redéfinissons en simples taches, nous en perdons la finalité ou le sens. Ces moyens utiles deviennent alors des corvées.

Si les rôles utiles en conduite de réunion seront évoqués au fil des pages, ce n'est pas pour laisser entendre qu'il s'agit ici d'un manuel de conduite de réunions. Celui-ci existe déjà par ailleurs. Il s'agit ici de souligner l'importance capitale d'apprendre et de pratiquer des micro-compétences tout le temps et partout dans sa vie. Dont en réunions à deux ou plus, en famille ou ailleurs. Ces micro-compétences sont extrêmement utiles,

---

3

efficaces, positives, résolutoires, etc. à titre personnel et collectif. Alors pourquoi restreindre leur usage à la seule pratique de réunions professionnelles ? Pourquoi ne pas rôder partout ailleurs dans sa vie ce que nous savons faire pour rendre une réunion plus performante ?

- **Par conséquent**, pour utiliser au mieux le contenu de ce livre, considérez-le comme un manuel d'exercices pratiques à rôder au quotidien. Pas pour faire un essai. Un rodage sérieux nécessite plusieurs mois de pratique. Il s'agit de changer d'habitudes de façon permanente, de changer de régime !

La forme et le contenu

Afin de clairement poser un certain nombre de changements locaux à la portée de tout un chacun, il y existe deux stratégies somme toute assez complémentaires.

- Dans la mise en œuvre de changements de comportements, soit nous pouvons nous centrer sur le *contenu* d'actions, soit nous pouvons nous centrer sur des changements de *processus*.

Bien entendu, nous pouvons aussi ne rien faire et faire les deux. Le contenu d'une action serait par exemple de mettre des régulateurs thermiques sur tous les radiateurs d'un immeuble. Cela a un effet éminemment utile, mais uniquement sur le chauffage. Un changement de processus serait de se déplacer physiquement que lorsque c'est impossible de faire la même chose d'une autre manière, par exemple en ligne. Ce dernier changement de processus peut affecter beaucoup de contenus différents, personnels, professionnels et sociaux.

- Les coachs systémiques sont conscients que les changements de processus ont une portée bien plus efficace que tout changement de contenu.

Bien entendu, de surtout se centrer sur des changements de processus est bien plus cohérent avec une approche de coaching. Tous les coachs vous le diront. En effet, les modifications de processus, ou de formes de communication et d'actions, peuvent impacter toutes les communications et actions qu'une personne choisit de mettre en œuvre.

- Par conséquent, ce livre propose des options de modification locales, et dans la forme de tout ce que chacun peut entreprendre.

Il s'agit de changements de comportements qui peuvent être mis en œuvre au niveau de toutes nos actions quotidiennes : en famille, avec des amis, en réunions professionnelles, dans la conduite de nos projets, dans la façon d'élever nos enfants ou d'organiser ses vacances, et dans nos déplacements. En somme il s'agit de changer nos façons de vivre au jour le jour, heure par heure. Ce n'est qu'à ce prix, en changeant nos habitudes personnelles locales, que nous pourrions avoir un effet pertinent à nos niveaux plus globaux.

L'enjeu au niveau des résultats mesurables personnels en vaut donc la peine. Par modélisation, ou par effet viral, le changement de société peut devenir réel, et durable.

A qui s'adresse ce livre ?

Selon les préoccupations immédiates et à plus long terme du lecteur, ce livre peut servir à soutenir plusieurs types de préoccupations et réflexions

- D'une part, le texte qui suit a pour vocation de présenter des compétences immédiatement utiles au sein de toutes nos expériences quotidiennes dans une approche totalement locale. Il peut convenir à des personnes qui se considèrent débutantes en coaching et management, comme dans la vie.

- D'autre part, ce livre s'inscrit dans un ensemble bien plus large, une cohérence systémique bien plus globale et inclusive, dans une œuvre élaborée au fil d'un temps long.

Cela en fait un ouvrage pratique offrant de nombreuses pistes de réflexion et d'action immédiatement praticables, comme il peut servir d'aide à un début de synthèse globale applicable à un long parcours de recherche, œuvre d'une vie riche d'enseignements.

Pour ceux qui ont déjà suivi diverses lectures, conférences, formations et supervisions offertes par la constellation que représente le réseau Métasystème SA en France ou SRL en Roumanie, la structure et le contenu du texte ci-dessous véhicule en filigrane et sert à approfondir un grand nombre de compétences pratiques et concepts déjà abordés par ailleurs.

- **Attention :** La théorie systémique s'applique à elle-même. Elle n'a pas de centre. Constituée d'un grand nombre de concepts apparemment différents, qui se soutiennent tous les uns les autres, elle existe en réseau ouvert et inclusif.

C'est sans doute pour cela qu'il est difficile de simplement définir l'approche systémique en une seule phrase synthétique, sauf à dire qu'elle permet le management de la complexité. Cela veut tout dire. Paradoxalement, puisque l'approche système ne se cantonne pas à œuvrer comme peuvent le faire des experts dans des domaines bien délimités, cela devient presque possible.

En conséquence des liens sous-jacents régulièrement évoqués au fil des pages, certains percevrons que ce livre permet d'approfondir la finalité des rôles de conduite de réunion par ailleurs présentés dans une méthodologie de coaching d'équipes. Il s'agit là de l'approche des « Processus Délégués[4] ». Ici, il ne s'agit pas de ces rôles souvent perçus et présentés de façon instrumentale sinon superficielle. Il s'agit plutôt d'une réflexion plus profonde sur leur finalité, c'est à dire sur leur véritable raison d'être, sur la vision qu'ils servent à très long terme.

- A vous de percevoir comment ces rôles apparemment différents, apparemment conçus pour rendre des réunions plus efficaces, concernent surtout le développement d'une même personne cheminant dans son parcours de vie, et surtout les préoccupations de développement de société sinon d'humanité.

Aussi, cet ouvrage est lui-même structuré de façon systémique en quatre temps. Cette logique de présentation suit une évolution cohérente qui va de la nécessité essentielle d'un très bon alignement initial, à l'importance de la professionnalisation, puis à la transparence relationnelle authentique, enfin au détachement ou lâcher prise, prises de distance ou délégation utiles.

- **Attention** : Bien entendu, cette présentation linéaire ne sert pas la nature systémique de ces quatre dynamiques systémiques qui gagnent à être présentes en simultané.

Toujours est-il que les lecteurs plus assidus reconnaitront que ces ensembles de compétences correspondent à ceux qui sous-tendent le parcours d'auto

---

[4] Consulter https://www.metasysteme-coaching.fr/francais/coaching-et-management-d-equipe-les-processus-delegues/

coaching individuel et d'équipe[5] (en ligne) proposé sur le site Métasystème Coaching[6].

Alors quelque soit le niveau de connaissance ou de compétence que le lecteur veut se reconnaitre, cet ouvrage est conçu à la fois comme une synthèse de ce que nous croyons savoir, et comme une porte d'entrée à ce qui nous attend. Il ne nous reste qu'à vous souhaiter une bonne lecture !

Alain Cardon. Mai 2020

---

[5] Consulter https://www.metasysteme-coaching.fr/francais/en-ligne-parcours-d-auto-coaching-systemique-individuel-et-d-equipe/

[6] Consulter https://www.metasysteme-coaching.fr/francais/accueil/

INTRODUCTION

Afin de mieux accompagner des personnes et des systèmes collectifs tels des équipes, des familles, des réseaux, des entreprises et organisations, le métier de coach systémique offre la possibilité de constamment modéliser des modes opératoires de performance.

Par exemple, lorsqu'un coach accompagne l'établissement de contrats satisfaisants, manage bien son temps, ouvre sur de nouvelles perspectives résolutoires, accompagne des plans d'actions pertinents, etc. Il n'est pas simplement immédiatement utile au contenu des préoccupations de chaque client. Il modélise des comportements efficaces, dont la finalité est d'accompagner ses clients de la façon la plus pertinente possible. En déployant ses compétences au quotidien, un coach professionnel forme d'autant plus par ses modélisations comportementales que celles-ci sont régulièrement re-servies, de façon reconnaissable sinon systématique.

Par conséquent, en faisant du déploiement des compétences spécifiques une habitude consciente, un coach apprend à son client la valeur, l'utilité de ces mêmes comportements. Le client considère souvent que ces compétences de coach lui seraient aussi utiles. Il les copie, les peaufine de son côté, jusqu'à savoir les mettre en œuvre par lui-même, et n'avoir plus besoin de son coach.

- En prenant au sérieux ce principe de modélisation, il est utile de préciser quelques compétences essentielles voire vitales qui seraient applicables par tous. Non seulement au sein de contextes professionnels, de leadership ou de management, mais dans *tous* les contextes personnels ou professionnels.

Un coach systémique éclairé déploie quelques compétences très utiles. Elles ne sont pas si nombreuses. L'international Coach fédération les a classées en huit champs relativement clairs.[7]

Ces compétences clés sont servies de façon presque systématique, presque à chaque instant, quelque soit le thème du coaching, tout au long de tous ces accompagnements. Or ces même compétences essentielles et universelles sont à la base du management comme du parentage, comme elles sont utiles pour se manager soi-même au jour le jour.

- **Note** : Les compétences de coach font émerger des comportements utiles partout, des *micro-compétences systémiques* relativement universelles.

Ces micro-compétences systémiques sont des comportements simples, pertinents, efficaces, quotidiennement praticables par tous et partout. Ces compétences pertinentes sont systémiques de plusieurs manières. Elles sont :

- courtes, simples, opérationnelles, faciles à comprendre, apprendre et mettre en œuvre,
- localement applicables, il s'agit de compétences que chaque individu peut prendre l'initiative de mettre en œuvre à chaque instant, seul et dans toutes ses relations, au sein de tous ses contextes quotidiens personnels et professionnels.
- Elles ont une influence bénéfique immédiate sur la personne qui les déploie, dans ses interactions avec autrui et sur les systèmes environnants, que ces derniers soient actifs ou simplement témoins.
- Elles ont un effet graduellement bien plus large dans le temps, à moyen et à long terme,
- Par la modélisation, par effet de démultiplication naturelle virale ou par capillarité, elles ont un effet plus conséquent dans l'espace. Elles sont reproduites au sein de systèmes environnants bien plus larges.
- Elles sont fonctionnelles ou centrées sur la forme, et donc applicables dans n'importe quelle situation individuelle ou collective, n'importe quel contexte personnel ou professionnel.

Considérons la nature de ces quelques micro-compétences au sein de communautés connues et reconnues en biologie. Prenons pour exemple les les actions systémiques mises en œuvre entre autres, au sein de fourmilières : Chaque individu d'une de ces communautés prend régulièrement l'initiative de mettre en œuvre une compétence précise, et

---

[7] Actuellement réduits à huit.

informe immédiatement ses voisins de ce qu'il décide de faire. Une fourmi qui remarque par exemple qu'il est nécessaire de nettoyer la pépinière, ou de sortir des déchets, ou de chercher de la nourriture, ou de réparer un tunnel, etc. prend l'initiative de mettre en œuvre ses compétences en la matière et informe tout de suite ses voisines immédiates de ce qu'elle entreprend.

- **Note :** Ces quelques micro compétences systémiques sont donc simples, courtes, opérationnelles, et l'information de leur mise en œuvre par un individu est immédiatement partagée.

En déployant individuellement, quotidiennement et de façon naturellement pertinente une telle gamme de micro-compétences, les insectes termites, abeilles et autres arrivent à développer des communautés qui comprennent des milliards d'individus, qui couvrent des kilomètres carrés. En général, elles sont véritablement durables et chose étonnante, elles se passent totalement de hiérarchie.

En effet au sein des fourmilières, il n'existe pas de fourmis leaders, ni de fourmis managers, ni de fourmis expertes, ni de fourmis planificatrices, ni de systèmes de contrôles, ni de comités de directions, ni de sièges, etc.

Dans la nature, il existe de nombreux autres exemples de ce type de fonctionnement collectif, souvent redoutable d'efficacité. Les essaims d'abeilles, les bancs de poissons, les colonies de termites, les murmurations d'oiseaux et autres communautés naturellement performantes fonctionnent toutes de façon équivalente. Cela semble même être le cas pour des systèmes communautaires dans le monde végétal. `

Chaque individu y exprime une gamme limitée de micro-compétences simples, totalement locales, et chacun en informe ses voisins immédiats. Chacun avise et réagit au sein d'un champ de perception totalement personnel et immédiat, et le tout forme un bel ensemble émergent, qui semble être orchestré de façon harmonique et très efficace par le simple esprit communautaire de chacun de ses membres.

- **Attention :** Il ne s'agit pas ici d'élaborer un modèle idéaliste ni de proposer une forme d'organisation humaine équivalente. Cela serait totalement paradoxal. Aucun système analytique externe n'a jamais rien proposé ni imposé aux fourmis ! Nous ne le ferons pas ici.

Il s'agit plutôt de considérer sérieusement la pertinence de quelques micro-compétences humaines, totalement applicables par chaque individu de manière autonome, à même de permettre l'émergence de résultats de performance collectives. Pour poser clairement cette hypothèse de travail, la question devient : comment mieux cerner et définir les micro-compétences qui sont à même de répondre aux critères systémiques suivants :

- Ces micro-compétences humaines devraient être facilement praticables par tous, à chaque instant, au sein de toutes les organisations familiales, sociales et professionnelles existantes.
- Elles devraient permettre le développement à la fois individuel et collectif à court, moyen et long terme.

Ces micro-compétences humaines doivent aussi répondre au niveau supérieur de complexité qui est propre à notre réalité. Pour cela,

- Elles doivent s'adresser à la forme de nos actions plutôt qu'à leur contenu.

En effet, nous ne sommes pas des fourmis. Nous ne déployons pas que quelques tâches limitées en les répétant inlassablement. Nos fourmilières à nous sont bien plus complexes.

La capacité à prendre des décisions

Une première micro-compétence individuelle à effet systémique qui répond à nos critères de base est notre capacité à prendre des décisions individuelles et collectives.

- **Attention** : Il s'agit ici de notre capacité à décider, à savoir passer immédiatement à l'acte. Cette capacité existe quel que soit le contenu des décisions à prendre.

A chaque instant, dans toutes les situations de la vie, les décisions sont des actes de création. L'indécision, est souvent justifiée par des émotions telle la peur. Elle se manifeste par le besoin de comprendre, de mieux se préparer, d'avoir plus d'informations, de lancer plus d'études et d'analyses préalables, etc. Elle aboutit souvent à diverses formes d'attentisme, de temporisation, de report ou de passivité. Paradoxalement, l'indécision est une décision de reporter une décision.

- L'indécision est un excellent terreau d'incertitude, qui en retour renforce encore plus d'indécision.

En revanche, chaque décision, bonne ou mauvaise, provoque rapidement, en retour, de nouvelles informations. Cela permet à chacun de s'ajuster pour avancer, c'est à dire de re-décider, encore et encore.

Il est utile ici de comparer la capacité de décider ou d'être décisif à la marche. Chaque pas en avant en appelle un autre et un autre encore et c'est cet ensemble qui permet d'avancer. Le premier pas, souvent considéré comme un risque, permet de créer le mouvement qui fait que l'on finit par prendre du momentum, par cheminer et couvrir des distances inenvisageables, surtout lorsque l'on ne fait jamais le premier pas.

- L'erreur serait soit de ne jamais décider, soit de ne décider qu'une fois pour toutes.

Cette micro-compétence de décision permet d'agir, de faire, de créer, et ensuite de réagir. Elle permet l'initiative humaine.

Afin d'en savoir davantage sur des façons simples de rôder une pratique quotidienne de l'art de la prise de décision seul, en équipe, famille ou réseau, cette micro-compétence est largement développée au sein du premier chapitre.

De façon plus formelle, plus élaborée et documentée, il s'agit aussi du rôle de pousse décision qui figure au cœur des techniques de réunions selon les rôles délégués.[8]

Par extension, constatez aussi que cette micro-compétence est centrale dans la fonction d'alignement lorsqu'il s'agit d'agir seul ou de concert, en partenariat ou en collectif. Elle est ainsi largement instrumentale dans toute la dynamique de contrat si chère aux Analystes Transactionnels et aux coachs de tous bords.

Savoir cadencer l'action dans le temps
Une deuxième micro-compétence individuelle à effet systémique consiste à savoir se cadencer dans le temps de suivi de toutes nos actions.

En effet, savoir décider puis agir n'a aucun sens si l'on ne sait pas suivre ses actions dans le temps de leur mise en œuvre, et ceci quel qu'en soit le domaine ou la durée. Une loi n'a pas d'effet sans décret d'application et ce dernier comprend des éléments précis d'application et de suivi. Il s'agit là de

---

[8] Afin d'approfondir ce sujet, consultez Le Coaching d'Equipes, Alain Cardon, Ed. d'Organisation, Paris, 2003

mesures permettant la mise en œuvre en la ponctuant dans la durée.

- Le premier niveau de ce suivi concerne la cadence, le second la mesure matérielle des résultats, qui sera abordé dans le chapitre suivant.

Au niveau le plus simple, la micro-compétence de cadence consiste à savoir mesurer sa progression lors de la conduite d'une action sur quelques minutes, d'un projet sur plusieurs mois, d'un voyage d'une semaine, etc. Qu'il s'agisse d'une tâche anodine ou de la réalisation d'une mission bien plus complexe sur des années voire des décades, le suivi cadencé permet de tenir les délais initialement prévus dans la décision.

Comme pour un match de foot, l'habitude simple de cadence d'actions est de la faire en deux mi-temps, ou bien mieux, en quatre quarts. Pour des projets plus ambitieux, les suivis cadencés se font à la semaine, au mois, à l'année, avec des segments de temps longs divisés en quatre quarts, eux-mêmes découpés en segments plus courts aussi divisés en quart-temps. Au niveau de cette compétence systémique et quelqu'en soit la durée, notre capacité de cadencer mérite le même rythme.

- **Exemple** : Il s'agit là de connaitre son point de non retour, son mi-chemin accompli à la mi-temps. De façon plus approfondie, il s'agit aussi de savoir bien s'aligner lors du premier quart-temps de savoir bien conclure lors du dernier.

Par conséquent, la micro-compétence de cadence permet de suivre la mise en œuvre de nos actions en mesurant nos progressions dans l'application de nos décisions dans le temps imparti.

La capacité de mesurer progression et résultats
Au delà du simple temps, notre capacité de suivre notre rythme ou cadence est souvent accompagnée de mesures plus matérielles, telles les dépenses, les bénéfices, la qualité, etc. Ces mesures s'inscrivent dans les temps de la cadence. Elles permettent de lier le temps à la matière de nos actions, de notre déploiement d'énergie en circularité. La cadence avec son lot de mesures concrètes sont ainsi à la base de méthodes complexes de suivis d'actions personnelles et professionnelles telles nos démarches budgétaires, la comptabilité analytique, les statistiques permises par le big data, les mesures de qualité, etc.

Dans ses dimensions les plus simples et plus systémiques, la micro-compétence quotidienne de mesure est développée au sein de son chapitre. De façon plus formelle, elle figure aussi au cœur des techniques de réunions selon les rôles délégués[9]. Elle est aussi largement instrumentale dans toute dynamique de « Breakthrough » ou de percées personnelles et professionnelles, qualitatives et quantitatives si chères aux coachs de performance.

Dans la dimension des mesures de résultats, il est intéressant de constater ce que les uns et les autres décident arbitrairement comme étant de l'ordre du mesurable et ce qu'ils décident ne pouvant pas l'être. C'est là que l'on verra que ces choix sont politiques plutôt qu'autre chose. En effet, il devient ici rapidement évident que nous ne mesurons pas ce qui nous est moins important.

Le feed-forward
Une autre micro-compétence individuelle à effet systémique concerne l'art du « feed-forward ». Elle permet de contribuer à l'évolution active, créative et concrète des acteurs en interaction.

Avec la vocation de compléter voire remplacer diverses boucles rétroactives de feed-back positifs et négatifs, le feed-forward consiste à se dire ou à partager avec autrui des façons de faire différemment dans le futur, pour expérimenter, innover et progresser.

- Partant du principe que la mission du vivant est de constamment co-créer son propre univers en évolution et expansion perpétuelle, à chaque fois que l'on conclut une action, cette micro-compétence consiste à se demander comment faire autrement, mieux, plus simple, avec plus d'élégance, dans l'avenir.

Cette micro-compétence est essentiellement centrée sur la dimension évolutive de l'être humain. Elle consiste à se proposer de nouvelles options, des solutions pratiques, positives, pertinentes, utiles ou créatives, à mettre en œuvre dans un avenir proche, si possible précis. Elle est largement instrumentale dans toute la dynamique de développement du potentiel de l'humain à titre personnel, familial, professionnel et d'équipe, en tout contexte individuel et collectif.

Cette compétence aussi figure au sein des techniques de réunions professionnelles selon les « rôles délégués », expérimentés en entreprise

---

[9] Ibid. Coaching d'équipe, A. Cardon, Editions d'Organisations, 2003

depuis la fin des années 1980[10].

La libre circulation d'énergie
Une autre micro-compétence individuelle à effet systémique concerne la capacité de circularité, plus précisément celle qui sert à provoquer la circulation d'énergie collaboratrice au sein de tout système.

Cette compétence consiste à activement engager et ré engager, distribuer et redistribuer, diriger et rediriger toute forme d'énergie.

- Il s'agit ici de savoir changer d'habitudes, de décongestionner des stases, de déséquilibrer er rediriger des routines individuelles ou collectives.
- Il s'agit partout de savoir déployer une créativité inclusive, opportuniste et naturelle, pour l'insérer au sein de tous nos contextes individuels et collectifs, jusqu'à rendre ces derniers bien moins conservateurs, bien plus agiles.

La micro-compétence de circularité suit tout naturellement notre capacité à prendre des décisions, nous cadencer et mesurer nos progressions. Elle a pour but d'activer le passage à l'acte de façon innovante. Cette micro-compétence est foncièrement entrepreneuriale. Elle adresse toutes les ressources retenues, inactives, ignorées ou disqualifiées dans nos environnements personnels et professionnels. De façon créatrice sa fonction est d'activer la quantité, la qualité et la vitesse d'énergie déployées au sein des interfaces participatives entre les personnes et leurs ressources.

- **Attention :** Cette micro-compétence est focalisée sur l'activation d'énergie libérée au sein des interfaces, plutôt que de nous focaliser sur des personnes ou contenus plus matériels.

Cela fait que cette micro-compétence permet la réactivité participative, le développement de l'intelligence collective, l'abandon des stratégies de contrôle.

Il est à noter toutefois que si cette compétence créative est déroulée sans un bon alignement, dans un contexte dispersé et non mesurable, l'action peut alors devenir vide de sens, en mal de direction, brouillonne, hyperactive ou chaotique.

---

[10] Consulter à ce sujet un premier écrit dans Décider en Equipe, Alain Cardon, Ed. d'Organisation, Paris, 1993

Cela souligne l'importance de l'alignement permis par la prise de décisions, abordé en premier chapitre. Par conséquent, sachez que les micro-compétences se soutiennent les unes les autres, de façon systémique. Il ne s'agit pas de les utiliser indépendamment les unes des autres, sans percevoir ni viser leur finalité commune.

- Cela souligne l'importance de savoir déployer toutes nos micro-compétences à bon escient, de façon pertinente ou appropriée.

Chacune des micro-compétences peut en effet devenir contre-productive si elle n'est pas déployée de façon cohérente, en équilibre avec chacune des autres. Cela na pas plus de sens de décider sans jamais agir que d'agir sans direction, sans préalablement décider d'un alignement pertinent.

Par conséquent, la micro-compétence de circularité dans le déploiement d'énergie est aussi foncièrement systémique. Elle est centrale dans toute activité personnelle ou collective, en famille comme en équipe. A ce titre, elle mérite son chapitre, parsemé de nombreux exemples pratiques.[11]

La position basse ou délégation

Une autre compétence systémique proposée dans cet ouvrage concerne la capacité de délégation. Elle aussi est centrale dans toute posture de coach systémique. Elle repose sur une base de modestie intrinsèque, d'humilité d'âme, de non-savoir existentiel. Elle se situe à la fois à l'inverse opposé de l'expert aux connaissances encyclopédiques et perfectionnistes, et en contrepoint transparent d'un assistant qui se rend utile au point de devenir une béquille indispensable, émotionnelle ou affective.

- La position basse consiste à admettre que l'on ne sait pas, ni faire ni être. La position basse est un modèle paradoxal, qui propose de se positionner en non modèle.

Assumant ses doutes sur la nature de la réalité, ses incertitudes sur sa propre capacité à un jour arriver à développer une infime partie de son propre potentiel humain, la position basse est celle du manager, coach, ami, époux. Elle a comme fonction de passer presque inaperçu. Sa véritable place est de laisser toute la place au développement du potentiel des autres.

---

[11] En réunions professionnelles en entreprise ou de réseau, la gestion de la circularité est inscrite au sein de la pratique des roles délégués de conduite de réunions. Elle correspond à la fonction de faciliteur.

Comme celle du coach, la position basse est celle du manager servant. Il s'agit là de notre capacité à déléguer. Cette fonction est au cœur des enjeux de management, aujourd'hui aux antipodes de nombreux modèles ou de poses d'égos de leadership. Cette micro-compétence aussi mérite d'être rodée de façon systématique afin de nous aider à réaliser, c'est à dire réellement mettre en œuvre, une conscience profonde que nous ne sommes tous là que pour servir.

Le coaching systémique
Le dernier chapitre offre une forme de synthèse quant à la pratique d'un coach qui aurait rôdé l'ensemble des micro-compétences présentées ici afin de les déployer en tenant compte de contextes plus larges, de façon plus inclusive. Il s'agit là d'un cadre de référence systémique où rien n'arrive par hasard, ou tout est lié, au minimum par une concordance de sens. Bien entendu, un regard systémique ne s'improvise pas. Lui aussi mérite d'être rôdé pendant un minimum de temps afin de l'ancrer dans une pratique quotidienne.

Ce chapitre illustre que les micro-compétences abordées au sein de cet ouvrage ne sont pas des comportements épars, indépendant les uns des autres. Elles s'inscrivent dans un ensemble bien plus large, ici dans une approche résolument systémique.

En tant que micro-compétences systémiques, les comportements évoqués ici ne sont pas nouveaux. D'une façon ou une autre, ils figurent tous depuis toujours parmi les compétences de management, plus récemment celles des coachs systémiques, en particulier en coaching d'équipes et d'organisations. En tant que micro-compétences, ces comportements anodins peuvent aussi être très simplement mis en œuvre au centre de tout ce que nous voulons entreprendre à titre personnel, sportif, professionnel, individuel et collectif. Même lorsqu'il s'agit de traverser la rue pour faire une petite course.

Notez aussi que la complémentarité de ces micro-compétences, dans un déploiement pertinent, permet à tout un chacun de développer une efficacité extraordinaire dans sa vie quotidienne.

Lorsque rôdées de façon systématique pour devenir des habitudes naturelles, ces micro-compétences devenues des réflexes comportementaux presque naturels permettent un vrai développement de nos résultats mesurables. Pour bien saisir leur dimension systémique, notez encore qu'elles :

- Sont perceptibles. Elles reposent sur des comportements observables. Il ne s'agit pas là de concepts vagues de postures idéologiques et non mesurables.
- Sont simples et facilement mises en œuvre au sein de toutes nos activités quotidiennes d'individu, de professionnel, de parents, d'amis, de manager et de coach.
- S'appliquent au sein de toute dynamique individuelle et collective.
- Font immédiatement preuve d'efficacité. Leur retour sur investissement est pratiquement immédiat et mesurable.
- Sont de nature à être pratiquées par tous les acteurs au sein d'un système quel que soit son expertise, son poste, son ancienneté, sa fonction.
- Sont virales parce que facilement modélisantes. Elles sont reproductibles par tous.
- Sont relativement faciles à apprendre. Il suffit de constamment les rôder, à chaque instant, dans toutes nos actions quotidiennes, jusqu'à en faire des réflexes naturels
- Permettent de développer l'efficacité de systèmes collaboratifs en proposant à chacun de prendre une part active dans le fonctionnement des toutes les interfaces centrées sur l'atteinte de résultats partagés.

Tout seul ou au sein de n'importe quel système collectif, ces micro-compétences permettent l'augmentation de la réactivité, de l'innovation, du développement des personnes, de la subsidiarité, de l'initiative locale, de la délégation, de l'autonomie, et l'efficacité, etc.

De plus, foncièrement comportementales, ces micro-compétences systémiques peuvent nous permettre de complémenter de nombreux discours excessivement idéologiques sur le management de délégation, sur les entreprises plates, sur les organisations libérées, et autres théories générales sur la pensée systémique. Il s'agit ici d'actions observables et mesurables.

- Il suffit tout simplement à chacun, sans rien dire, de mettre en œuvre localement et immédiatement des comportement simples et pratiques, dont les effets personnels et collectifs sont rapidement mesurables.

De façon plus formelle, par le biais de l'apprentissage généralisé de ces micro-compétences systémiques, la transformation de cultures d'équipes et d'entreprises n'est qu'une prise de tête conceptuelle ou idéologique prônée par des comités de direction qui font le contraire de ce qu'ils prêchent !

- Ce type de transformation pratique parce que comportementale peut être mis en œuvre par n'importe qui n'importe où, par tous les acteurs concernés ou par n'importe quelle équipe innovante.

D'ailleurs l'approche système le précise : pour être efficace, tout changement doit surtout être actionné au niveau le plus local possible. Ici, il s'agit de d'abord l'appliquer et le mesurer au niveau individuel. Alors, vous commencez quand ?

I

PROVOQUER LA PRISE DE DECISION

Savoir provoquer la prise de décisions est la fonction de « pousse décisions » C'est une micro-compétence systémique essentielle. Elle à sa place au cœur des professions de management et de coaching, de développement personnel et professionnel, de parentage, de gestion de projets, de gestion de vie, etc. En management de réseaux, de réunions, d'entretiens à deux, voire tout seul, avec des amis ou en famille, l'art de provoquer la prise de décision est le moteur du changement mesurable. Il consiste à constamment se pousser soi-même et provoquer les acteurs environnants sur l'acte de décider de la mise en œuvre ou du passage à l'acte.

Cette fonction est essentiellement exécutive dans le sens où elle décide de l'avenir. Quelle qu'elle soit, une décision met une fin à une réalité passée, amorce une réalité future. En lui-même, l'acte de décider est un acte de création presque existentiel.

La décision est souvent aussi apparentée à la rupture, au moins à l'interruption sinon au disruptif. Ces trois termes apparentés par leur racine commune sont aussi très usités en accompagnements de coaching, lors de transitions de vie ou de carrière, de transformations profondes et autres processus caractérisés par des métamorphoses fondamentales.

- Paradoxalement, cela vaut aussi pour l'acte de décider de ne pas décider, ou de ne pas changer, de refuser de suivre la foule ou de se retrouver seul, en refus de mutations inacceptables.

Il s'agit ci-dessous, d'envisager comment devenir, individuellement et à plusieurs, plus décisif. Comment mettre cette micro-compétence éminemment créatrice d'avenir au service de nos quotidiens ?

Par conséquent, ce texte présente la pratique quotidienne de cette micro-compétence essentielle dans la gestion d'efficacité individuelle et collective. Mais attention, cette micro-compétence n'est pas un concept. Elle n'a d'utilité que si elle devient une habitude comportementale bien rôdée, au point de devenir naturelle.

- Comme les autres micro compétences de management ou de coaching systémique présentées sur ce site, elle mérite d'être expérimentée plusieurs fois par jour, seul, bien sûr, et au cours d'innombrables courtes séquences relationnelles à deux ou plus.

Ce rodage systématique permettra peu à peu d'en faire une nouvelle habitude personnelle, et par mimétisme ou effet viral, éventuellement collective. Au niveau collectif, ce n'est qu'alors qu'elle deviendra une compétence culturelle active, dont les effets sociaux et organisationnels se feront ressentir à long terme. Mais la première étape est déjà de rôder cette micro-compétence pour soi, à titre individuel, et quotidiennement.

- Dès les premiers essais, cette micro-compétence relativement simple, d'apparence même simpliste, apporte une valeur ajoutée indéniablement mesurable.

Mais cela n'est pas le seul résultat. Au fur et à mesure de sa pratique régulière, les effets de son apprentissage se feront ressentir dans des dimensions bien plus larges et inattendues. En effet, lorsqu'elle est appliquée de façon anodine au cours de séquences relationnelles et professionnelles relativement courtes, elle permet un remodelage d'ensembles bien plus important. Elle permet au praticien consciencieux de progressivement modifier jusqu'à son propre cadre de référence concernant ses champs du possible, ses marges d'efficacité personnelle et professionnelle, son influence personnelle sur des réalisations collectives.

- A terme, la pratique régulière de ce comportement anodin peut avoir des répercussions virales sur des ensembles bien plus larges, tels des transformations de carrière ou de vie, des évolutions d'équipes et des réussites d'organisations.

En effet, appliquée par des ensembles collectifs, au cours de réunions et d'entretiens, ses effets mesurables presque immédiats permettent d'accompagner des mutations culturelles d'équipes et d'organisations, facilitant l'atteinte de résultats collectifs inespérés.

Le principe systémique qui sous-tend la nécessité d'une pratique quotidienne de cette micro-compétence dans des environnements restreins est aisément compréhensible. Lorsque l'on souhaite bénéficier de changements globaux, il faut d'abord et surtout effectuer une multitude de petites actions locales. D'après ce principe, cela ne sert pas à grand-chose de vouloir changer des grands ensembles. De telles ambitions restent trop souvent idéalistes et demandent bien trop de moyens en temps et en argent, souvent inaccessibles.

Pour changer le monde, il faut commencer par des petites actions ou des micro changements dans des ensembles plus restreints, de proximité. Les réussites de ces changements locaux se diffusent ensuite tout naturellement au sein d'ensembles plus larges par l'exemple, par capillarité et mimétisme, de façon virale.

L'alignement

Avant de s'engouffrer dans l'action locale, cependant, l'acteur systémique souhaite s'assurer que celle-ci pourra bien s'inscrire au sein d'une vision globale. En effet, les décisions sont utiles dans le sens qu'elles permettent d'agir ou d'avancer, et sont tout autant dangereuses lorsqu'elles servent la mauvaise finalité. Il s'ensuit que pour toute personne, équipe, organisation, nation, etc. les premières décisions vitales méritent de surtout concerner un choix clair en ce qui concerne leur finalité.

- **Attention :** La finalité concerne ici une dimension bien plus importante qu'un simple objectif temporel ou matériel.

Il s'agit de savoir si de décision à décision, de plan d'action à plan d'action, de résultat à résultat, nous allons effectivement dans la bonne direction à long terme.

Il s'ensuit que tout projet individuel, collectif, personnel et professionnel n'a de vraie valeur que lorsqu'elle sert une finalité éminemment valable. La question se pose de façon de plus en plus pressante pour toute l'humanité sinon pour toutes les formes de vie sur terre. Par conséquent, la première question est de savoir si dans nos décisions, projets, relations, et actions, nous allons servir, de façon mesurable, une finalité qui nous est essentielle. Il s'agit souvent ici de dimensions bien plus intemporelles et immatérielles.

- A travers ce filtre de notre finalité essentielle, nos décisions suivantes concernent la question de notre alignement qui touche à la fois, c'est à dire simultanément, le personnel, le collectif, le personnel et le professionnel.

Lorsqu'une seule de ces dimensions complémentaires voire totalement intriquées manque à l'appel, il est fort possible que soit notre vision globale soit partielle sinon partiale, soit nos décisions perdent de vue ce que nous souhaitons vraiment accomplir. C'est dans ces dimensions que réside le plus essentiel en ce qui concerne toutes nos prises de décision. En effet, sans vision ou finalité bien posée, sans alignement personnel et collectif bien négocié, toutes nos décisions et plans d'actions pourtant très efficaces peuvent très professionnellement nous mener à notre perte.

- Paradoxalement ici et par rapport au dicton bien connu[12], les bons moyens ne justifient pas n'importe quelle fin.

Par conséquent, soulignons que dans tout projet, toute entreprise, tout objectif, toute aventure, tout partenariat et couple, toute famille et équipe, toute démarche de carrière et de vie, les première décisions à prendre concernent l'alignement personnel et collectif dans un sens qui nous est profondément, essentiellement existentiel sinon spirituel. Lorsque cette base est solide, le reste suit. Lorsque cette fondation est négligée, tôt ou tard, l'édifice s'écroulera.

La micro compétence

En considérant que ces prérequis essentiels soient acquis, commençons par une illustration de la mise en œuvre de cette micro-compétence dans un contexte bien plus local. Nous vous proposons aussi, de tout de suite visualiser dans quels contextes personnels et professionnels vous pourrez prochainement l'expérimenter.

Imaginez que vous participez à un entretien à deux ou à une réunion d'équipe d'une ou deux heures, dont l'objet est de couvrir plusieurs sujets importants. Au démarrage de la réunion, sortez une feuille de papier et un crayon, et annoncez clairement ce que vous allez faire :

- « Si vous le permettez, je me propose de noter les décisions que nous allons prendre ensemble tout au long de cette réunion / de cet

---

[12] « La fin ne justifie pas les moyens. »

entretien. »

Ensuite, dès que le dialogue s'amorce, prenez la première occasion pour poser une question qui aidera les partenaires à immédiatement se centrer sur la prise de décision.

Exemples :
- « Juste pour savoir, quel type de décisions voulons-nous prendre au cours de cette réunion ? »
- « Si on faisait tout de suite une liste des décisions à prendre lors de notre discussion, comment proposez-vous de les formuler ? »
- « Intuitivement, quelles sont les décisions que nous pouvons formuler tout de suite, avant même d'entamer notre entretien ? »
- Etc.

De la même façon, tout au long de la réunion ou de l'entretien, allez continuellement à la pêche aux décisions, stylo en main, prêt à tout noter, exactement selon les formulations proposées.

Exemples :
- « Ce que venez de dire pourrait être une proposition de décision. Voulez-vous qu'on la retienne ? »
- « Sommes-nous prêts à décider sur ce point ? »
- « Que proposez-vous comme décision, pour avancer ? »
- « Comment pouvons-nous avancer vers des décisions ? »
- « Je comprends bien que nous sommes en désaccord, mais que pouvons-nous décider ? »
- « Cela semble une très bonne idée. Pouvons-nous la noter comme une décision ? »
- « Quelle décision vous conviendrait ? »
- Etc.

Noter que tous ces exemples sur la forme peuvent concerner n'importe quel contenu. Cela peut paraître simple, mais détrompez-vous. Cet exercice apparemment pratique et anodin suscitera de nombreuses résistances. Il révèle de nombreuses croyances contraignantes et autres habitudes conservatrices concernant la prise de décision. Aussi, afin de réussir cette expérience, quelques règles simples méritent d'être respectées.

- Faites vos premières expériences au sein de réunions ou d'entretiens où vous n'êtes ni le responsable ni l'animateur, mais un simple collaborateur ou partenaire.

- Ne faites pas de présentations théoriques ou d'annonces grandiloquentes sur ce que vous allez faire. La discrétion ou la position basse[13] est de mise. Moins vous attirez l'attention, plus vous jouez la petite main, mieux ça se passera.
- Ne vous impliquez pas dans le contenu des décisions. Il ne s'agit pas de pousser les décisions qui vous arrangent. Il s'agit de simplement provoquer la prise de décision par les autres.
- Dès qu'une décision est proposée, notez la dans les termes exprimés. Puis relisez-la pour confirmation.
- N'attendez surtout pas la fin d'une discussion ou d'un débat pour intervenir. Faites-le dès le début et tout au long de la séquence de réunion, tout au long de l'entretien. C'est une approche juste-à-temps !
- Procédez de façon légère, mais en vous faisant entendre. Le jeu pour vous consiste à accumuler le plus grand nombre de décisions possibles, pendant toute la réunion ou tout l'entretien.
- Ne faites passer aucun stress dans votre voix. Elle mérite d'être claire et neutre. En effet, votre propos n'est pas de pousser ou de tirer l'autre, le groupe ou l'équipe, mais simplement de vous mettre à son service, de l'accompagner dans sa capacité de prise de décision.
- Ne vous braquez pas face aux résistances à l'égard de votre démarche. Observez-les. Elles sont normales lorsque quelqu'un met en œuvre un changement dans les habitudes.
- Parlez clairement afin de vous faire entendre par tous, tout en évitant de trop attirer l'attention. Vous ne voulez pas devenir central au dépend du sujet de la réunion ou au dépend des échanges entre les autres participants.
- Si vous percevez que vous n'êtes pas entendu, à chaque fois que vous faites une demande levez aussi le doigt ou le bras pour attirer un peu plus d'attention, commencez par vous excuser d'interrompre.
- Ne faites pas que pousser à la décision ! Participez aussi au contenu de la réunion en réagissant pour soutenir les autres, en proposant des options pertinentes, en aidant le sujet de fond à avancer.
- Proposer de temps en temps vos propres suggestions de décisions, mais sans trop vous y attacher lorsqu'un ajustement est proposé ou qu'un refus y est opposé. Modélisez de la souplesse et de l'adaptation.
- Lorsqu'une personne conteste l'utilité de vos interventions, répondez que c'est juste une expérience anodine, et que vous pouvez tous parler de son utilité lorsque la réunion ou l'entretien sera terminée.
- Observez attentivement les réactions à l'égard de votre processus.

---

[13] Objet d'une présentation au sein d'un chapitre dédié, en dernière partie de ce livre.

Ces réactions ne sont pas en rapport avec vous mais plutôt avec le changement d'habitudes que vous mettez en œuvre.

Bilan : A la fin de la réunion, demandez aux participants ce qu'ils pensent de votre fonction de provocateur de prise de décisions. Lorsque la ou les premières personnes auront contesté le bien-fondé de vos interventions, demandez l'avis des uns et des autres, et laissez le dialogue s'installer. Posez éventuellement quelques questions qui permettront d'approfondir la discussion :

- Percevez-vous une différence dans notre efficacité collective par rapport à nos réunions habituelles ?
- Etions-nous plus centré sur nos résultats que d'habitude ?
- Avons-nous pris de bonnes décisions ? En avons-nous pris plus que d'habitude ?
- Trouvez-vous que notre réunion est plus courte ou plus efficace que d'habitude ?
- Est-ce que cette expérience mérite d'être reproduite dans d'autres réunions/entretiens ?

Donnez aussi vos quelques éléments de mesure : « D'après mes notes, nous avons pris dix décisions dont certaines sont bien détaillées. Qu'est-ce que cette expérience peut révéler de notre façon habituelle de gérer nos réunions ? »

Partagez aussi d'éventuelles difficultés que vous avez ressenti, par exemple à trouver un ton juste, à faire attention de pas casser le rythme collectif, etc.

Répétez l'expérience lorsque vous reverrez la ou les mêmes personnes dans une prochaine réunion jusqu'à ce que vous sentez que tout le monde s'y habitue, voire commence à vous imiter. Ils auront compris que si vous vous rencontrez, c'est pour décider d'avancer ensemble !

Par ailleurs, répétez l'expérience pendant au moins plusieurs mois, au sein de tous les entretiens en face-à-face, en famille, avec des amis, ou par téléphones, de toutes les réunions, mêmes informelles, auxquelles vous assistez. Vous voulez accumuler de l'expérience, inscrire votre nouvelle micro-compétence dans vos habitudes. Après, continuez à rôder ce rôle essentiel pendant quelques mois.

Stratégies pratiques

Bien entendu, lorsque vous provoquerez des décisions très tôt dans un débat, beaucoup d'interlocuteurs contesteront. Ils soutiendront qu'il est bien trop tôt pour formuler une décision. Pour certains, vous remarquerez d'ailleurs qu'il est toujours trop tôt : Il faut d'abord approfondir, discuter, analyser, réfléchir, réunir d'autres informations, consulter d'autres personnes, etc. et par là même, reporter toute possibilité de décision. Il s'agira souvent pour vous de contourner ces résistances avec agilité :

- « Je ne demande pas une décision ferme et définitive, mais juste un début de formulation, afin de poser le périmètre actuel de notre recherche et débat. »
- « Bien sûr il faut d'abord discuter, mais si on avait déjà une idée générale de ce que l'on veut faire, comment pourrions-nous tout de suite la formuler, juste comme une option de décision ? »
- « C'est juste une stratégie créative : Supposons que l'on soit déjà d'accord sur ce que nous souhaitons décider, comment pourriez-vous le formuler de façon hyper simple ? »
- « A supposer que nous soyons dans un mois, à la fin d'une troisième réunion sur ce sujet, quelles seraient les décisions que nous aurions enfin prises ? »
- « Personnellement n'importe quel choix me convient. Que voulez-vous proposer comme décisions pertinentes, que nous pourrions tous envisager tout de suite ? »

Le principe sur lequel repose cette micro-compétence est que les vrais débats ne commencent que lorsqu'une première décision est formulée. Les vrais problèmes d'alignement ne font surface que lorsque l'on décide de comment nous voulons passer à l'acte. Les vrais plans d'actions ne peuvent voir le jour qu'après qu'une décision soit posée. Les vrais ajustements se font dans l'action, et pour commencer à agir, il faut bien une première décision. Les informations et moyens utiles à rechercher et à échanger ne peuvent être cernés qu'après qu'une décision soit précisée.

- Une décision bien formulée permet d'avancer bien plus rapidement, quitte à progressivement la modifier en fonction des informations pertinentes qui émergent et des débats ou actions qui s'ensuivent.

En pratiquant cette micro-compétence, ne cherchez surtout ni à pousser ni à inscrire vos propres décisions. Procédez plutôt par formulations ouvertes pour observer ce qui se passe en face, au niveau du processus.

- Quelles sont les réactions des uns et des autres lorsqu'il s'agit de décider ?
- Quelles sont les coalitions et oppositions prévisibles, de nature relationnelles ou politiques, quel que soit le sujet ?
- Qui se laisse porter, qui freine, qui vous soutient dans votre rôle essentiellement centré sur des résultats ?
- Etc.

Il devient souvent apparent que beaucoup de discussions servent surtout à reporter la prise de décision et le passage à l'acte qui pourrait s'ensuivre. Il serait même possible de concevoir qu'en entreprise, une réunion sur un sujet donné sert surtout à souligner des désaccords afin de reporter toute tentative de prise de décision.

D'où la boutade qui affirme qu'il est absolument nécessaire de participer à toutes les réunions possibles au sein d'une organisation, afin de s'assurer que rien ne vous échappe et surtout que rien ne change en ce qui concerne votre champ d'expertise.

- Les partenaires d'une réunion ou d'un entretien partent souvent du principe qu'une décision commune sera difficile à prendre, et qu'il faudra de longues discussions avant d'y arriver.

Le contraire peut être vrai si la discussion est tout de suite centrée sur la formulation de la décision à prendre, avant même de commencer à détailler le sujet ou à faire l'inventaire de toute sa complexité. Il faut ainsi éviter tous les débats sur des interprétations historiques au sujet desquelles, déjà là, personne ne sera d'accord.

Le relevé de décisions

Bien entendu, afin de rendre cette micro-compétence performante, il est important de tout de suite noter la formulation d'une proposition de décision et ceci dès qu'elle commence à être prononcée.

- Il s'agit ici de noter la première formulation avant même de chercher à la modifier ou à la contester.

La raison pour laquelle il faut noter rapidement est simple : lors d'entretiens, il est généralement admis que l'on ne note rien avant d'être d'accord sur une décision voire sur sa formulation exacte. Ensuite, lorsque l'on commence à la noter, le débat recommence.

- Il est bien plus utile de tout de suite commencer à écrire, puis de faire réagir chacun des partenaires à cet écrit afin de progressivement l'affiner ensemble.

Même en début d'entretien à deux, même avec un supérieur hiérarchique, ouvrez tout de suite une page et commencez à noter vos accords. Cela souligne tout de suite à votre interlocuteur que vous voulez prendre des décisions communes et que vous entendez toutes les prendre au sérieux.

- La forme prime sur le fond, et vous serez tout de suite pris au sérieux, avant même de commencer !

Pour confirmation au fur et à mesure, répétez les phrases écrites sans oublier de noter les délais qui concernent chaque décision. Suite à tous ces entretiens, le relevé de décisions écrites gagne à être partagé avec tous les acteurs concernés, quelquefois avec d'autres absents pertinents, voire avec un public bien plus large. Plus la décision est portée à l'attention d'un public large, plus elle engage. Envoyez votre relevé tout simplement, sans vous tirer la couverture, comme si vous n'étiez qu'un secrétaire de réunion.

- **Important** : N'importe quel simple relevé de décisions qui mentionne pilotes et délais tend naturellement à être considéré comme une liste d'engagements, une base presque contractuelle. C'est la raison pour laquelle il est utile de le partager, si possible le rendre publique !

D'où l'importance de s'assurer que votre relevé soit clairement formulé, de façon à être compris par des absents, des acteurs ou des collaborateurs indirects, l'environnement plus large.

Plus l'information sur ces engagements est distribuée à un public que l'on prend ainsi en témoin, plus les acteurs peuvent susciter du soutien voire de la reconnaissance pour l'accomplissement des résultats.

Jouez ce rôle à chaque fois que vous en avez l'occasion, plusieurs fois par jour, pendant au moins un mois !

Exemples :
- Suite à un entretien avec un directeur, envoyez-lui un mail reprenant les points sur lesquels vous vous êtes entendus, sans oublier de mentionner qui fait quoi, et les délais.

- Suite à un coup de fil avec un collaborateur, confirmez tous les points d'accord par écrit, éventuellement juste par un sms.
- Si jamais par la suite, vos partenaires vous font remarquer des lacunes ou corrections, renvoyez par écrit des décisions d'appoint en demandant confirmation ou contre-proposition.
- Suite à une réunion, annoncez que vous enverrez à tout le monde le relevé de décisions, et faites-le dans la journée sinon tout de suite, lorsque vous êtes en ligne.

N'oubliez pas que chaque décision mérite d'être formulée de façon pratique pour accomplir des résultats mesurables. Chaque décision doit avoir un pilote qui pourra en assurer le suivi. Et bien entendu chaque décision doit aussi avoir un délai d'exécution précis, formulé en terme de date calendaire.

Résistances

L'expérimentation systématique de cette micro-compétence permettra de prendre conscience qu'à chaque fois qu'une formulation de décision est proposée, un certain nombre de processus de résistance peuvent apparaître, apparemment centrés sur le contenu, servant surtout à reporter le passage à l'acte. Au minimum, la pratique de cette micro-compétence permettra à tous de prendre conscience des stratégies qui affectent la non-prise de décision ou leur report, et les personnes les plus centrales dans cette dynamique de passivité. A vous de trouver et mettre en œuvre des parades :

La critique : Une stratégie habituelle est de tout critiquer à chaque étape, sans jamais proposer une autre alternative.

Exemples :
- « Que pensez vous d'un délai d'une semaine ? »
- - « Ah non ! C'est bien trop court ! »
- « Ce projet devrait être suivi par une équipe dédiée »
- - « Impossible ! Ca va encore augmenter nos frais de fonctionnement ! »
- « Il nous faut trouver des partenaires à même de soutenir notre développement »
- - « C'est bien trop risqué ! Ils vont nous piquer notre savoir-faire. Et puis nous risquons de perdre notre indépendance ! »

A l'observation au sein de certains systèmes, cette stratégie de disqualification de toutes les propositions résolutoires est tellement ancrée dans la culture qu'elle est même appliquée à des décisions anodines :

- « Je propose une pause de quinze minutes »
- - « Ah non ! C'est bien trop court ! »

Le résultat observable au sein de ses systèmes devient que plus personne n'ose proposer d'options concrètes de peur de se faire immédiatement contrer. Bien entendu, votre réaction immédiate à ce type d'argument négatif ou de contestation est de systématiquement demander à la personne qui résiste :

- « OK. Alors qu'est-ce que tu proposes ? »
- « Très bien. Formule-nous une autre option. »
- « Je comprends ton point de vue. C'est quoi ton alternative ? »

Les principes : Beaucoup de propositions de décisions concernent des principes plutôt que des actions mesurables. Ces principes sont généralement accueillis avec ferveur, mais tels qu'ils sont formulés, ils n'engagent personne.

- **Exemple :** « Nous décidons de travailler ensemble, dans le respect et la bonne humeur. »

Personne ne sera contre ce type d'affirmation générale, surtout dans la mesure où rien de concret n'est proposé.

- « Nous décidons de mettre en œuvre un système de management participatif d'ici à la fin de l'année. »
- « Nous allons profondément nous transformer afin de devenir une entreprise libérée. »

Cela ne mange pas de pain. Le principe est louable. Il mériterait toutefois d'être formulé en termes de plans concrets, d'actions mesurables, de délais précis, de responsabilités définies, de points d'étapes, de résultats observables. Non que les principes ne soient pas utiles, mais ils ne servent que de titres généraux. Ils mériteraient d'être suivi par une série de décisions d'actions mesurables dont les formulations seraient bien plus précises et dont les délais d'applications pourront être suivis dans le temps, ceci afin de respecter des délais précis.

- Dans certaines entreprises, l'habitude de prendre des décisions sur des principes généraux sert surtout à ne pas s'engager sur des résultats mesurables.

C'est d'ailleurs le thème de nombreuses grand-messes annuelles d'entreprises sur des sujets de visions et missions collectives. Leur fonction principale est d'animer une convention afin de la rendre agréable, sans plus. Par conséquent, la traduction de tels principes généraux en plans d'actions concrets soulève une énorme résistance. Pour conclure, il est utile de proposer de formuler chaque décision générale en plan d'actions précis, chacun ayant un délai calendaire, avec un pilote responsable de suivre son déroulement et de clairement afficher les résultats.

- **Attention :** Une décision sans plan d'action, sans délais, sans pilote est assimilable à un vœu pieux.

Les effets d'annonce : Il est utile aussi de limiter les effets d'annonces, les grands-messes ou les opérations de séduction dont l'objet est de présenter à un large public une liste de principes éthiques, de louables ambitions, de nouveaux principes culturels, des critères éthiques engageants, des idées séductrices de nouvelle culture de management, des normes de qualité super exigeantes, des nouvelles stratégies ambitieuses, des visées idéologiques, écologiques ou durables, etc.

A coup de films et de posters, le marketing très sexy d'une décision innovante mais qui reste générale peut certes susciter beaucoup d'intérêt, mais cela ne remplacera jamais un solide plan d'action pour la mettre en œuvre.

- **Attention :** Plus une personne ou une direction parle aux foules de façon séductrice, en déroulant de grandes nouveautés à venir, plus il s'agit de marketing. Ce ne sont là que des effets d'annonces.

Il y a de fortes chances que rien de mesurable ne change s'il n'y a pas un solide plan de mise en œuvre en amont et un excellent suivi en aval. Par conséquent, il est bien plus utile d'humblement communiquer sur des plans d'actions détaillés voire difficiles à mettre en œuvre plutôt que sur des principes et des idées. Cela sera perçu comme bien plus réaliste.

La recherche de perfection : Une bonne façon de reporter une décision est de vouloir qu'elle soit parfaite. Une décision imparfaite centrée sur un passage à l'acte rapide permet de se mettre en mouvement puis d'obtenir des informations en retour. Ces dernières permettront ensuite d'ajuster la décision afin de la rendre plus aboutie. C'est ainsi, qu'un vrai succès opérationnel se met en œuvre. La recherche de perfection commence par une décision initiale imparfaite, et est suivie de petits ajustements successifs.

- Une voie alternative consiste à intellectuellement peaufiner une option de décision jusqu'à la rendre trop complexe. Cela permet d'interminablement reporter sa mise en œuvre. Cela ne permet pas d'avancer.

Le délai : ASAP veut dire As Soon As Possible, en anglais, ou dès que possible. Au sein de beaucoup d'entreprises personnelles et professionnelles, ASAP est la formulation consacrée pour éviter de se donner des délais précis. Autrement dit, ASAP, c'est quand on peut, et souvent dans ce cas, on ne peut que très peu. La difficulté de se donner puis de tenir des délais précis révèle souvent des habitudes individuelles inefficaces ou des cadres de références collectifs non performants.

- De façon irréaliste, d'autres poussent pour des délais trop courts pour ensuite affirmer qu'ils étaient non atteignables.
- D'autres encore semblent toujours penser qu'il faut beaucoup de temps pour accomplir des tâches pourtant relativement circonscrites. Les temps longs permettent d'oublier sinon de plusieurs fois changer de priorités, afin de ne rien faire du tout.

Le pilote : Il est toujours nécessaire d'avoir un pilote responsable du suivi d'une décision. Une personne et une seule, jamais deux ou « tous », est nommément responsable *de suivre* l'application de la décision. Il s'agit pour lui, de régulièrement informer les autres acteurs voire le public, sur le bon ou mauvais déroulement des plans d'actions, sur l'atteinte des résultats au fur et à mesure de leur accomplissement. Sur ce point, il est utile pour le pilote de suivre des points d'étapes, au minimum tous les quatre quarts du temps imparti pour réussir les projets le plus importants.[14]

Les effets à très court terme

Dès vos premières expérimentations de cette micro-compétence et au fil de vos essais, vous observerez un certain nombre de résultats immédiats. Dans l'ensemble, vos entretiens et réunions deviendront probablement bien plus efficaces, mieux gérés, plus centrés sur leur objet. Les digressions seront plus courtes, les décisions seront bien plus nombreuses et le relevé écrit

---

[14] Ce principe de quatre quarts sera abordé ci-dessous dans plus de détails.

permettra à tout le monde de mieux les suivre.

Votre rôle actif dans la gestion de la forme des réunions et entretiens vous permettra de gagner en crédibilité. Là aussi la forme des entretiens que vous participez à orchestrer prime sur leur contenu. Moins souvent en dépassement, vous gagnerez du temps. Passée une première surprise, les uns et les autres manageront mieux leurs temps de parole pour conclure de façon plus efficace. Plus de personnes participeront aux débats, puis se sentirons engagés. Etc.

- A chaque fois que possible, demandez à vos amis, collègues ou interlocuteurs comment ils ont apprécié cette fonction de pousse décision.
- Demandez-leur comment vous pourriez améliorer vos interventions, mais n'en changez pas trop rapidement la forme. Attendez d'avoir reçu suffisamment d'indications venant de sources très différentes.
- Au fil de vos premières expérimentations, remarquez les différences, et les similitudes. Remarquez par exemple ce que chacun de vos interlocuteurs peut apporter de différent dans sa contribution et dans ses réactions.
- Lorsque vous répétez votre fonction de pousse décision dans les mêmes lieux ou avec les mêmes personnes, remarquez ce qui semble se répéter, les formes collectives ou culturelles qui se reproduisent.
- Lorsque vous accumulez votre expérience, remarquez aussi ce qui pour vous semble se reproduire régulièrement, et comment vous pourriez personnellement vous adapter en fonction des contextes différents auxquels vous participez.

Puis cherchez encore d'autres lieux d'application dans des entretiens, au cours de projets personnels et professionnels, individuels et collectifs, à court, moyen et long terme, en famille et ailleurs. Définissez et faites le bilan personnel des décisions prises avec des amis, lors de voyages collectifs, dans la gestion de projets partagés, dans le management d'équipes, de réseaux, de transitions, etc.

A moyen terme

De façon émergente, vous remarquerez peu à peu un certain nombre de phénomènes récurrents, des formes semblables ou de fractales qui émergent régulièrement au cours de situations dans des domaines pourtant très différents.

Vous découvrirez que différentes personnes et différents groupes manifestent des patterns de décision qui leur sont propres. Avec une pratique soutenue, il est possible aussi que de façon presque virale, sans forcément le mentionner à vos partenaires de vie personnelle ou professionnelle, leur façon de se centrer sur la prise de décision se mette à évoluer.

- Vous observerez sans doute que dans votre environnement, le temps de latence avant une prise de décision se réduira de façon mesurable. Vous deviendrez plus réactif, voire proactif.
- Vous constaterez que vous analysez moins avant d'agir, que vous collez bien plus à la réalité du terrain, du client, de l'environnement. Vous mesurerez que vous prendrez plus de risques mesurés ou que vous devenez moins frileux, que vous faites plus confiance à ce qui émerge dans l'action.
- Vous développerez une plus grande confiance dans votre capacité d'action et de réaction. Vous percevrez que vous devenez bien plus efficace, que vous êtes plus pragmatique ou ancré dans la réalité. Etc.

Les effets indirects de la pratique systématique de la micro-compétence systémique de pousse-décision sont innombrables. La raison en est simple : La prise de décision est une action créatrice, elle consiste à choisir d'influer sur son avenir.

- Lorsque nous ne prenons pas de décision, nous laissons toutes nos options ouvertes. Tout est potentiellement possible, mais faute de choix, rien n'avance. Nous restons sur place.
- Lorsque nous choisissons une option parmi des milliers d'autres, nous décidons d'un seul avenir, qui de fait élimine toutes les autres possibilités.[15]

De faire un choix à un instant donné peut sembler l'équivalent de se fermer d'innombrables autres portes. De choisir une option, c'est éliminer toutes les autres. De fait, toutes les options du possible sont fermées, sauf quand on en choisit une.

- Bien entendu, au delà de cette première porte, nous entrons dans un autre vestibule qui lui aussi propose de nombreuses options, une parmi lesquelles, à nouveau, il faudra choisir.

---

[15] Il s'agit ici de théorie des mondes multiples ou des univers parallèles, quelquefois évoquée en mécanique quantique.

La prise de décision peut être assimilée à la marche. Si nous ne voulons pas faire un pas en avant, nous finissons par rester sur place, alors même que le monde avance. Dès que nous décidons de faire un pas en avant, une autre décision se pose concernant le pas suivant. Il s'ensuit que lorsque nous apprenons à prendre des décisions sans hésitations, de façon naturelle et quotidienne, nous avançons en fluidité, bien plus rapidement.

La conscience systémique

Il est observable qu'au sein d'un système, par exemple en famille ou au sein d'une organisation, chaque élément du système, par exemple toutes les équipes, voire toutes les personnes, portent ou activent des processus interactifs relativement similaires. C'est ce que l'on peut appeler sa culture active.

- Au sein de certains systèmes habitués à reporter leur prise de décision, cela se répète jusqu'à se reproduire à tous les niveaux du système. Il en résulte que personne ne bouge sans avoir d'abord solidement assuré ses arrières ou sa sécurité. L'ensemble devient rapidement figé.

Il est relativement difficile de changer un tel ensemble cohérent par effets d'annonce visant à transformer le tout. Il est bien plus judicieux d'agir localement, c'est-à-dire par des micro-changements au sein de sous-ensembles plus réduits, chacun dans son environnement proche.

Au beau milieu d'une société enkystée, cela peut même relever d'une démarche totalement personnelle. De fait, la capacité de prise de décision concerne chaque personne et chaque partenariat, chaque équipe et chaque réseau. C'est localement, au sein de tous ces sous-ensembles systémiques que la mise en œuvre de micro-compétences telles que la fonction de pousse décision peut commencer à jouer un rôle central dans la mise en œuvre pratique d'une dynamique de transformation plus globale.

Avec ce type d'approche active et locale, il devient possible de procéder par l'exemple, par l'action, par la mise en œuvre presque anodine d'une dynamique d'efficacité. Elle sera ensuite progressivement reprise, reproduite par mimétisme, par capillarité ou de façon virale.

- La qualité intrinsèque de toutes les micro-compétences telles la fonction de provocateur de décisions est de permettre des changements par des dynamiques émergentes, c'est à dire issues du plus local possible afin de peu influencer le plus global.

Par conséquent, les micro-compétences telles la fonction de pousse-décision influencent de façon subversive, c'est à dire de façon émergente, en modifiant d'abord localement, très progressivement les processus interactifs sous-jacents de très grands systèmes.

- Lorsqu'ils font preuve de leur efficacité locale, ces processus résolutoires sont naturellement diffusés par mimétisme, sans faire de bruit, de façon virale, jusqu'à influencer, voire transformer, des ensembles bien plus larges et autrement plus conséquents.

Pour aboutir à ce résultat, il vous faut commencer tout de suite, lors de votre prochaine réunion ou entretien, et puis continuer à pratiquer au sein de toutes vos micro-séquences interactives. Ceci pendant au moins deux mois.

II

RYTHME ET CADENCE DU TEMPS

« Le temps ne respecte pas ce qui est fait sans lui »[16]

Ce chapitre présente l'intérêt d'une micro-compétence de gestion du temps individuel et collectif. Là aussi, il ne s'agit pas d'un concept, mais d'une habitude comportementale à pratiquer aussi souvent que possible.

- Comme toutes les micro-compétences de management de vie, elle mérite d'être expérimentée plusieurs fois par jour, au cours d'innombrables séquences relationnelles courtes, en entretien, en famille, en réunion, tout seul, etc.

Ce rodage systématique permettra peu à peu d'en faire une nouvelle habitude personnelle, et par effet de modélisation, éventuellement collective. Ce n'est qu'alors qu'elle deviendra une compétence acquise dont les effets seront mesurables.

- D'ailleurs dès vos premiers essais, cette micro-compétence relativement simple, d'apparence même simpliste, vous apportera une valeur ajoutée indéniable et mesurable.

Mais cela n'est pas le seul résultat. Au fur et à mesure de sa pratique régulière, les effets de son apprentissage se feront ressentir dans des dimensions bien plus larges et inattendues.

En effet, cette micro-compétence simplement appliquée au cours de

---

[16] Dicton français, origine inconnue.

séquences courtes permet peu à peu un remodelage d'ensembles bien plus importants. Elle permet au praticien consciencieux de modifier son cadre de référence concernant la gestion de tous ses temps, voire de tout son temps, de façon bien plus large.

- La pratique régulière de cette micro-compétence peut avoir des répercussions sur des ensembles bien plus larges, jusqu'à des transformations de carrière ou de vie,

Appliquée au sein d'ensembles collectifs, au cours de réunions et d'entretiens, les effets mesurables permettent d'accompagner des mutations culturelles permettant l'atteinte de résultats inespérés.

- Le principe systémique qui sous-tend cette micro-compétence de management de rythme est aisément compréhensible. Lorsque l'on souhaite bénéficier de changements globaux, il faut d'abord et surtout commencer par des actions locales.

Une fois de plus, d'après ce principe, cela ne sert pas à grand-chose de vouloir changer nos grands ensembles d'un seul coup. Il faut surtout commencer par des petites actions, des micro-changements, dans des ensembles restreints, de proximité immédiate. La réussite de changements locaux se diffuse par la suite de façon presque virale.

Sans plus d'introduction, commençons par une illustration de la mise en œuvre de cette micro-compétence, au niveau familial, afin de permettre un simple changement de résultat :

Votre enfant, comme beaucoup, prend régulièrement un temps extraordinairement long à s'habiller tous les matins. Résultat : vous devez être présent pour vous assurer qu'il reste concentré sur sa tâche et la mener à bout dans les temps impartis. Compte-tenu de la nécessité de l'encadrer en continu, vous instaurez chez votre enfant une bonne relation de dépendance à votre encadrement continu, ce qui ne change rien dans le développement de sa capacité à s'habiller rapidement, de façon autonome.

- **Option** : Vous lui proposez un minuteur qui émet un bip sonore toutes les deux minutes sur un total de huit. Il sonne plus longuement pour annoncer la fin de séquence. Vous lui expliquez qu'il y aura quatre sonneries, et vous le challengez à essayer de battre la montre. S'il est un peu rebelle, sous-entendez que ça vous étonnerez qu'il en soit capable. Puis vous quittez sa chambre.

De cette façon, vous vous extirpez de la relation parentale et déléguez l'entière situation à votre enfant, en lui donnant les moyens techniques de s'auto-encadrer dans le temps imparti. Vous assainissez ainsi votre relation parentale, et aidez l'autre à développer ses capacités autonomes d'auto-encadrement.

Imaginez maintenant que vous participez à une réunion d'équipe ou à un entretien d'une heure ou deux dont l'objet est de couvrir plusieurs sujets importants. Dès le démarrage de la première séquence centrée sur le premier thème, posez la question suivante :

- « Idéalement, combien de temps voulons-nous accorder à ce premier sujet ? »

Bien entendu, si le temps imparti figure déjà à l'ordre du jour, il vous suffit simplement de le rappeler. Quelque soit le temps imparti, supposons qu'il soit de quinze minutes, posez votre montre sur la table et annoncez :

- « Très bien. Afin de nous permettre de tenir ce délai, je vous propose de cadencer notre temps en quatre quarts. »

Option : Pendant toute séquence d'entretien ou de réunion, annoncez à chaque quart-temps le temps passé et le temps qui reste. Dans l'exemple ci-dessus :
1. « Nous avons passé quatre minutes, il en reste onze. »
2. « Nous sommes à la mi-temps, il nous reste huit minutes. »
3. « Nous avons utilisé douze minutes, il en reste trois. »
4. « Enfin, nous avons utilisé le temps imparti, à partir de maintenant, nous sommes en dépassement ».

Afin d'aborder un autre exemple plus personnel, supposez que vous avez un grand nombre de tâches à effectuer au cours d'une matinée de trois heures. Avec votre liste en main, programmez votre horloge pour qu'elle vous annonce la fin des premières 45 minutes. Terminez un maximum de vos activités au cours de ce premier quart-temps. Recommencez la même opération pour les trois-quarts suivants, en ne laissant rien d'autre interrompre votre concentration. Il y a de fortes chances que vous terminiez avant la fin de votre temps imparti.

La cadence personnelle ou collective du temps en quatre quarts paraît simple. Détrompez-vous. De nombreuses personnes butent face à ce type d'exercice pourtant presque anodin. Il révèle peut-être certaines croyances contraignantes qui sous-tendent des habitudes inefficaces.

Afin de réussir cette expérience, quelques règles simples méritent d'être respectées.

- Faites cette première expérience au sein d'une relation, réunion ou d'un entretien où vous n'êtes ni le responsable ni l'animateur, mais un simple participant ou partenaire.
- Ne vous posez pas en gardien du temps, mais comme une horloge parlante. Annoncez la cadence en quatre quarts de façon neutre, simple et claire.
- Gardez toujours une division en quatre-quarts. N'improvisez pas des cinquièmes, des tiers ou des moitiés.
- Ne faites passer aucun stress dans votre voix. Elle mérite d'être claire et neutre, comme une horloge parlante. En effet, votre objet n'est pas de pousser ou de tirer l'autre, le groupe ou l'équipe, mais simplement de l'informer.
- Parlez clairement pour vous faire entendre par tous, tout en évitant de trop attirer l'attention. Vous ne voulez pas devenir central au dépend du sujet de la réunion ou au dépend de la participation des autres personnes concernées.
- Si vous percevez que vous n'êtes pas entendu, à chaque fois que vous faites une annonce, levez aussi le doigt ou le bras pour attirer un peu plus d'attention.
- Ne faites pas que cadencer ! Participez aussi au contenu de la réunion en réagissant pour soutenir les autres, en proposant des options pertinentes, en aidant le sujet à avancer.
- Le fait de cadencer n'est qu'une intervention sur la forme, pas sur le sujet ou le fond de la réunion. Pour que cette différence reste claire, n'intervenez pas en proposant en même temps vos idées personnelles.
- Lorsque le temps imparti est terminé, ne tentez pas de clore le sujet. Cette décision ne vous appartient pas. Continuez simplement à cadencer le dépassement, dans notre exemple toutes les quatre minutes en dépassement, avec le même ton de voix.
- Sauf si vous étiez absent, ne laissez pas un signal sonore remplacer vos annonces, ou imposer par un top sonore une rupture dans le dialogue encore en cours.
- Tentez de découper les séquences trop longues, qui durent plus de vingt minutes, en sous-séquences plus centrées sur un objet plus précis. La cadence de séquences trop longues perd de son efficacité.
- Lorsqu'une personne conteste l'utilité de vos interventions, répondez

que c'est juste une expérience anodine, et que vous pouvez tous parler de son utilité lorsque la réunion sera terminée.

Lors de séquences de travail, de réunions ou d'entretiens plus longs, procédez de la même façon pendant toute la durée, en organisant chaque mini-séquence, puis en annonçant les quatre-quarts du temps qui est passé et qui reste. Ceci pour tous les sujets traités.

- Pour suivre avec exactitude, notez sur un papier les sujets abordés, les temps accordés à chacune de ces séquences, les quarts annoncés, les dépassement éventuels.

A la fin de l'entretien la réunion, demandez aux autres comment ils perçoivent votre rôle de cadenceur. Lorsque la ou les premières personnes auront contesté le bien-fondé de vos interventions, demandez l'avis des uns et des autres, et laissez le dialogue s'installer. Posez éventuellement quelques questions qui permettront d'approfondir l'échange. S'il s'agit d'une réunion, considérez les questions suivantes :

- Percevez-vous une différence dans notre gestion collective de notre temps, par rapport à nos réunions habituelles ?
- Etions-nous plus centré que d'habitude sur l'atteinte de nos résultats ?
- Trouvez-vous que notre réunion est plus courte que si je n'avais pas cadencé notre travail ?
- L'expérience mérite-t-elle d'être reproduite lors d'autres réunions ?

Donnez aussi vos quelques éléments de mesure : « D'après mes notes, nous sommes toujours en dépassement de 10% (ou 20%, ou 30%). » Ou alors : « Nous avons bien tenu les temps que nous nous sommes fixés, sauf pour notre sujet habituel de polémique. Qu'est-ce que cette expérience peut révéler de notre façon de gérer notre temps ? » Etc.

Pendant ce dialogue laissez la place aux autres, en vous assurant que chacun donne son opinion. Ne poussez surtout pas la vôtre. Si vous donnez votre avis, proposez le en position basse : « Je me trompe peut-être mais j'ai eu l'impression que nous accélérions nos débits de parole à chaque fois qu'une fin de séquence approchait. »

A la fin de ce dialogue, proposez à votre interlocuteur, vos partenaires ou votre équipe de renouveler l'expérience dans l'avenir, afin de progressivement développer une meilleure gestion du temps de vos rencontres ou activités.

Que l'expérience soit bonne ou mauvaise, sachez que ce n'est que votre premier essai. Il est important de régulièrement renouveler votre expérimentation personnelle au sein de divers contextes personnels et professionnels. Pour un deuxième et troisième essai, tentez d'appliquer le même type de cadence en quatre-quarts lors d'un entretien à deux, par exemple avec un client, un fournisseur, votre hiérarchique ou banquier. Si vous êtes coach, vous pouvez expérimenter cette technique au cours de toutes vos séquences de coaching. Au début de l'entretien :

- Faites d'abord à deux une liste des sujets à traiter.
- Accordez-vous sur le premier sujet à aborder, et sur le temps à lui accorder. (Ne tentez pas d'organiser le séquençage de toute la réunion ; une approche souple et émergente est bien plus efficace.)
- Lancez-vous dans la première séquence que vous cadencez de façon neutre. Faites pareillement pour les séquences qui suivent.
- Lors de chaque séquence, restez conscient des quatre quarts qui passent, et partagez ces éléments de cadence à chaque fois que cela semble utile ou pertinent, sans vous détourner du sujet de votre dialogue.
- Même si vous êtes un peu en dépassement, félicitez votre interlocuteur pour sa bonne gestion du temps imparti.

Renouvelez l'expérience au cours de toutes vos activités personnelles, sportives, sociales, tous vos entretiens et toutes vos réunions pendant un mois entier, et faites un premier bilan. Puis continuez sur un autre mois, et un autre.

Ce rodage de la micro-compétence de cadence en quatre quarts de toutes vos activités deviendra peu à peu structurant. Elle agira de façon plus inconsciente. Vous verrez que quelque soit le travail à accomplir dans un temps imparti, vous vous habituerez à toujours le faire dans les temps. Sans efforts.

Exemples :
- Certaines personnes programment leur réveil de façon à ce qu'il sonne plusieurs fois. Lorsqu'il sonne le matin, ces personnes l'éteignent et se rendorment, sachant qu'il sonnera à nouveau cinq minutes plus tard. A terme, ils se programment de façon à ne plus entendre leur réveil. Afin de se réveiller, il leur en faudra alors deux, plus forts, et puis l'appel téléphonique d'un ami.
- Lorsque leurs réveille-matins sonnent, d'autres prennent l'habitude de d'abord s'asseoir avant de l'éteindre. Ils se programment peu à

peu à être immédiatement présents à la journée qui démarre. A terme, ils constatent souvent qu'ils se réveillent juste une minute avant la sonnerie de leur réveil. Ils ont réussi ainsi à programmer leurs corps à se passer de réveille-matin.

Cela illustre à quel point il est possible de modifier nos habitudes de comportements de gestion du temps. Il est possible de s'habituer voire de se programmer, de façon à totalement assumer le temps que l'on a au point de l'habiter.

Le temps n'est plus une contrainte extérieure, mais devient un rythme intérieur, assumé de façon totalement naturelle, sans aucun effort. Cela nous permet de constater que le temps n'est pas une réalité vécue de la même façon par les uns et les autres. Au fil de son histoire, chacun a développé ou rôdé des habitudes personnelles totalement différentes pour aboutir à des résultats totalement opposés.

- Chacun pense que sa façon d'appréhender le temps est naturelle et ne peut être changée.
- En fait il ne s'agit que d'habitudes comportementales qui peuvent être modifiées, et qui au fond ne concernent absolument pas le temps, qui a bon dos.

A Très Court Terme

Au fil de vos expérimentations de cadence en quatre quarts, vous observerez un certain nombre de résultats immédiats. Dans l'ensemble, vos activités, entretiens, projets et réunions deviendront probablement bien plus efficaces, mieux gérés, plus centrés sur leur objet immédiat. Les dispersions et digressions seront plus courtes ou éliminées. Les décisions, actions, et résultats seront bien plus conséquents. En devenant plus efficace, vous gagnerez du temps et aurez plus de temps disponible.

Votre rôle actif dans la gestion de la forme de vos activités, entretiens et réunions vous permettra de gagner en satisfaction personnelle et en crédibilité. Moins souvent en dépassement, vous sentirez que vous avez votre temps, que vous disposez du temps.

Passée une première surprise, les uns et les autres s'adapteront à votre fonction de cadence plus centré sur les résultats. Ils manageront mieux leurs interruptions, leurs digressions, leur participation dans leurs interactions avec vous, leur temps de parole, etc.

A chaque fois que possible, demandez à vos collègues ou interlocuteurs comment ils ont apprécié vos éléments de cadence. Le cas échéant, demandez-leur comment vous pourriez améliorer vos interventions de cadence en quatre-quarts, mais n'en changez pas trop rapidement la forme. Attendez d'avoir reçu suffisamment d'indications venant de sources très différentes.

Au fil de vos premières expérimentations, remarquez les différences, et les similitudes. Remarquez par exemple ce que chacun de vos partenaires ou interlocuteurs peut apporter de différent dans sa contribution et dans ses réactions. Lorsque vous répétez votre rôle de cadence dans les mêmes lieux ou avec les mêmes personnes, remarquez ce qui semble se répéter, les formes qui se reproduisent, et ce qui évolue.

- Après avoir accumulé de l'expérience, remarquez ce qui pour vous semble se reproduire régulièrement, et comment vous pourriez évoluer en fonction de contextes différents.

Puis cherchez encore d'autres lieux d'application au sein de projets individuels et collectifs, en famille, avec des amis, à court, moyen et long terme. Définissez et faites le bilan personnel de votre façon de procéder dans le temps.

Faites de cette micro-compétence un allié d'efficacité personnel. Cadencez-vous en quatre quarts vos joggings matinaux, tous les deux jours lors d'un voyage sur huit jours, tous les trois mois lors d'une transition ou d'un projet mené sur un an, toutes les demi-heures lors d'un dîner officiel sur deux heures, etc.

A Moyen Terme

De façon émergente, vous remarquerez peu à peu un certain nombre de phénomènes récurrents, des formes semblables qui s'expriment au travers de séquences dans des domaines pourtant très différents.

- Et puis vous pressentirez aussi sûrement des différences entre la nature de chaque quart quelle que soit la durée mesurée ou le domaine que vous cadencez.

Souvent, les débuts de séquences se ressemblent, quelle qu'en soit la durée. Les démarrages ne sont pas de la même nature que les conclusions. Il en découle que le premier quart temps sert à s'aligner. Cela concerne comment les uns et les autres prennent leurs marques, précisent leur objet ou finalité, définissent un contrat de collaboration, se distribuent des responsabilités, s'ajustent ou s'accordent, trouvent un bon rythme de démarrage ou décollage, afin de rapidement confirmer la faisabilité de l'ensemble, etc.

A l'opposé, les fins de séquences servent justement à finaliser, c'est à dire à conclure sur des décisions, des mesures et évaluations, des séparations, des distributions de résultats, des célébrations, des actions futures, des délais plus longs à respecter, des changements à envisager, des points d'étapes qui permettront de mieux se suivre dans l'avenir, etc.

Entre ces deux bouts plus ou moins perceptibles selon l'efficacité des interlocuteurs, il sera possible de remarquer que les deux quart-temps intermédiaires servent à échanger des informations, étudier des options, approfondir l'engagement et la relation, ajuster les collaborations et s'assurer des options de soutiens réciproques.

- **Note** : considérez que la mi-temps, le milieu de parcours, est souvent un point de non retour. Dans l'ensemble d'une séquence, ce mi-temps joue un rôle primordial.

La mi temps représente la fin du début, le début de la fin. Au beau milieu, il provoque un changement de perspective qui dirige le regard sur la nécessité de commencer à préparer la conclusion. C'est l'équivalent symbolique du passage de la quarantaine, sur une espérance de vie de quatre-vingt ans. Lors de la cadence d'une séquence d'entretien en quatre-quarts, l'annonce de la mi-temps n'est pas à sous-estimer.

Au fil des expérimentations, cette annonce du point de 50% ou du milieu de parcours peut prendre une importance capitale. En aviation, c'est un point de non-retour. A ce moment, les acteurs qui cheminent en solitaire ou à plusieurs prennent conscience du temps qui reste, de la fin qui approche, de possibilités de déceptions, des résultats qu'ils se sont engagés à réaliser, de la ligne d'arrivée.

A partir de ce moment, les uns et les autres se re-mobilisent souvent, afin d'assurer la réussite de leur engagement initial. A ce titre à la mi-temps, il est souvent utile de se rappeler la teneur de nos contrats de départ. Trop loin au delà de ce mi-temps, vers le dernier quart, il devient plus difficile de négocier des rallonges de moyens ou de temps.

- L'annonce de la mi-temps par la fonction de cadence signale la fin de la préparation. Elle permet un réveil, la mobilisation des motivations, le recentrage sur l'atteinte du résultat final.

Bien entendu, lors de démarches personnelles ou relations moins efficaces, la qualité d'alignement lors du premier quart et les concrétisations de la fin sont bien moins perceptibles voire mesurables.

- Lorsque les fondations initiales sont floues alors l'ensemble finit en quenouille. En conséquence de ces mauvais débuts, les quarts temps du milieu sont quelquefois plus empreints de désaccords, de mésententes, d'arguments circulaires, d'émotions débordantes, de conflits ou jeux de pouvoirs.

Par conséquent, peu a peu, la simple micro-compétence qui consiste à cadencer vos séquences en quatre-quarts vous permettra de découvrir toute la richesse qualitative de chacun des quarts. Vous serez à même de mesurer l'évolution dans votre propre contribution. Vous découvrirez une richesse inattendue en comparant des séquences partagées avec des interlocuteurs ou partenaires différents, très complémentaires.

Vous découvrirez que différentes personnes et différents groupes manifestent des patterns totalement différents, qui chacun leur sont propres.

- Certains ont par exemple l'habitude de démarrer en trombe dans le contenu de leurs préoccupations, oubliant de bien s'accorder avec leurs interlocuteurs.

Cela se paie souvent plus tard lorsqu'ils découvrent qu'ils ne sont pas sur la même longueur d'onde.

- D'autres se perdent au milieu, ou accélèrent sur la fin. Les variations sont infinies.

En entretenant une pratique soutenue de la fonction de cadence dans votre vie, il est possible aussi que vos processus de management de votre temps, ou de votre façon de l'habiter, change. Cela se fera de façon presque virale, sans forcément le mentionner à vos partenaires de vie personnelle ou professionnelle. Moins linéaire, le temps pourrait alors prendre l'aspect d'un nombre infini de cycles entrelacés, de l'infiniment petit d'à peine quelques secondes, au beaucoup plus conséquent, comprenant des décades.

- Il est possible que les saveurs perçues au sein de chacune de vos séquences plus courtes vous permettent de bien mieux comprendre vos temps bien plus longs.

La qualité de chaque temps aussi, ou la spécificité de chacun de ses cycles, vous sera aussi tout à fait unique, même si certains s'emboitent afin de mieux s'assembler et se soutenir.

Les fractales dans le Temps

Il est plus facile de concevoir qu'à limage de plantes et de cristaux, la matière peut manifester des dimensions fractales. L'univers est observable, dit-on, dans un grain de sable. L'infiniment grand se retrouve dans l'infiniment petit au niveau quantique où le vide, la matière et l'énergie se confondent. Aussi, des subdivisions infinies offertes par les formules de Mandelbrot, à l'image de celles d'une fougère ou des côtes de nos continents, toutes sont là pour illustrer le concept fractal de façon spatiale.

- Mais quel est l'équivalent de telles formes fractales, mesurables dans la dimension du temps ?

Prenez un exemple collectif : Si au fil de plusieurs mois, vous observez plusieurs réunions au sein d'une même équipe de direction, il est coutumier d'observer qu'un même déroulement s'exprime par le biais de séquences dans les processus interactifs :

- Les mêmes personnes ne font pas que s'asseoir aux mêmes endroits. Elles interviennent aussi dans le même ordre, pour soutenir ou contrer les mêmes personnes dans un processus temporel qui répète une même forme pour aboutir à un même type de résultats.

A l'observation, lorsque l'on fait abstraction des sujets traités, il est possible de percevoir que les réunions d'une même équipe de direction ne servent souvent qu'à réaffirmer un équilibre relationnel et politique bien établi, inlassablement reproduit, presqu'à l'image d'une pièce de théâtre. Les réunions d'une même équipe se déroulent souvent à l'identique. Elles démarrent toute d'une façon équivalente, suivent presque un rituel de déroulement afin de terminer de façon aussi prévisible.

- Un sujet de réunion ne serait alors qu'un prétexte pour réaffirmer un processus interactif sous-jacent, totalement itératif. Il s'agit là d'une dimension fractale mesurable, répétée dans le temps.

Cela peut souvent aller bien plus loin. A supposer que quelques acteurs soient changés au sein de cette équipe, force est de constater que suite à une redistribution des rôles, le même processus interactif d'équipe, toujours relativement prévisible, perdure. Si certains membres quittent l'équipe, le même processus est rapidement porté par ses nouveaux membres.

- Cela indiquerait que les membres d'une équipe sont aussi de simples prétextes, qui servent essentiellement à porter la mise en scène de processus collectifs répétitifs et sous-jacents.

Ces processus de fractales de temps révèlent le véritable ADN d'un système. Comme tout ADN, il est homéostatique. Il sert à faire en sorte que rien ne change dans le temps. Que le système perdure dans son identité établie de processus dans le temps, que celle-ci soit positive ou négative, performante ou pas importe peu.

La même chose se répète souvent partout au sein d'une même organisation. A deux ou trois niveaux au dessous d'un comité de direction donné, il est souvent possible de constater que les mêmes processus interactifs. Les mêmes déroulements d'oppositions, de coalitions et de collaboration au sein d'équipes très différentes servent à atteindre des résultats relativement identiques. Ces processus sont portés par des personnes totalement différentes travaillant sur des sujets tout aussi aléatoires.

- La dimension fractale dans le temps, ce sont ces similitudes de processus ou de déroulements, au sein de milieux matériellement et intellectuellement différents, mais qui partagent le même ADN temporel.

La Conscience Systémique du Temps

Au sein d'un système collectif telle une famille ou organisation, il est observable que chaque élément du système, par exemple chacune des équipes, porte des processus temporels et interactifs relativement similaires. C'est ce que l'on peu appeler la culture active de l'entreprise.

Il en découle qu'il est relativement difficile de changer cet ensemble cohérent par effets d'annonce visant la transformation conceptuelle du tout. Il est bien plus judicieux d'agir localement, c'est à dire par des micro changements au sein d'ensembles réduits. C'est là que des micro-compétences telles que la fonction de cadence commence à jouer un rôle central dans la modification de processus interactifs.

- Avec ce type d'approche active et locale, il devient possible de procéder par l'exemple, par l'action, par la mise en œuvre presque anodine d'une dynamique d'efficacité. Elle sera reproduite par mimétisme, diffusée de façon plus virale que directive.

En effet, la qualité intrinsèque de micro-compétences telles la fonction de provocateur de décisions ou de cadence est de permettre des changements par des dynamiques émergentes, c'est à dire issues du local pour influencer le global.

Les micro-compétences telles la fonction de cadence influencent par l'action presqu'anodine, en modifiant les processus sous-jacents, sans du tout en faire l'apologie. Lorsqu'elles font preuve de leur efficacité locale, ces micro-compétences comportementales sont ensuite naturellement diffusées par mimétisme, sans faire de bruit, jusqu'à influencer, voire transformer des ensembles bien plus larges et autrement plus conséquents.

Pour aboutir à ce résultat, il vous faut commencer tout de suite, lors de votre prochaine rencontre, projet personnel, réunion, entretien. Et puis il suffit de continuer à pratiquer au sein de toutes vos micro-séquences interactives. Ceci pendant au moins deux mois, pour ensuite ne plus jamais arrêter.

III

MESURER AFIN DE REALISER

Afin de suivre le premier chapitre de ce livre sur l'acte de décision et le second sur l'effet de la cadence en quatre quarts, il est utile d'aller un peu plus loin. Pour changer notre avenir dans un sens ou un autre, ce changement a besoin d'être formulé en termes de résultats mesurables.

- Je décide d'arriver à Marseille demain avant 9:00 du matin est une formulation relativement concrète.
- Je décide de modifier mon style de direction pour laisser plus d'espace de délégation et d'initiative à mes collaborateurs est bien moins mesurable.

Le mot réaliser veut dire rendre réel. Rendre réel c'est rendre mesurable. Il n'y a rien de plus simple que la réalité mesurable, pourrait-on croire, et pourtant, c'est bien souvent là que beaucoup de difficultés peuvent apparaître.

Pour prendre quelques exemples en sciences modernes, il est possible de théoriser l'existence de particules élémentaires jusqu'à les nommer et définir leurs critères essentiels. Nous avons ainsi des neutrons, électrons, photons, bosons, quarks, de la matière noire, de l'anti-matière, etc. La théorie a d'utile qu'elle permet une recherche exploratoire, quelquefois fondamentale, c'est à dire dont l'utilité pratique échappe à bon nombre de personnes.

Dans toutes ces recherches, toutefois, un grand tournant est amorcé à partir du moment où une de ces particules, une de ces théories, une de ces matières ou un de ces champs devient mesurable. Dès lors, nous commençons à considérer que nous avons affaire à une « vraie »réalité.

- Dans ces champs scientifiques toutefois, la réalité mesurée dépend aussi, voire surtout, de l'instrument de mesure.

L'exemple classique est celui du photon qui est mesuré comme une onde lorsqu'un instrument de mesure le permet, puis qui est mesuré comme de la matière lorsque l'on se sert d'un autre instrument. C'est là que tout d'un coup, la réalité change, dépendant de comment nous choisissons de la mesurer. Au sujet de photons, lorsqu'un instrument pourra mesurer qu'il s'agit en fait de simples variations au sein d'un champ sous-jacent, peut-être pourrons-nous conclure que des photons ne sont pas vraiment des particules ou ondes, mais que de subtiles variations dans un champ continu bien plus étendu.

Ces considérations scientifiques, un peu superficielles ici, ne servent qu'à nous alerter que ce que l'on mesure en dit peut être beaucoup plus sur ce que nous avons l'intention de voir que sur une réalité qui existerait par elle même.

- Il s'agit donc de toujours considérer que l'observateur, ou que sa mesure, influencent la nature même de notre hypothétique réalité.

En ce qui nous concerne dans le domaine des micro-compétences, nous proposons quelques réflexions sur ce à quoi sert et peut servir nos capacités de mesure, dont le choix stratégique de nos instruments de mesure, lorsque nous voulons influencer la réalisation de résultats mesurables.

Au sein de notre monde matériel, nous savons mesurer les éléments de réalité qui nous importent. Le plus évident, bien entendu concerne le temps, à la milliseconde près, et l'argent jusqu'au millième de centime. Cela vaut de même pour tout ce qui concerne la qualité de nos produits, un peu moins dès que l'on aborde les notions de qualité de services.

Peu à peu, lorsque nous abordons des domaines de communication, de management, de relation, de respect, d'éthique, et autres domaines classés dans les catégories du plus « soft », l'instrument de mesure devient presque systématiquement de plus en plus subjectif.

Attention :
- Comme peut le suggérer l'introduction sur l'aléatoire des mesures scientifiques en introduction ci-dessus, il n'y a d'objectif que ce qui peut se passer dans la relation entre des objets.
- Dès lors qu'un sujet, c'est à dire dès qu'un être humain entre dans la danse, son observation et son choix d'instrument de mesure rendent le résultat bien plus subjectif.

Prenons le cas relativement classique d'entreprises dont la culture repose, selon leurs déclarations, sur un trépied. Ce dernier disent-elles à qui veut l'entendre, tient compte de façon égale des résultats financiers pour les actionnaires, de la satisfaction des clients, et de la valorisation de leur personnel.

Or lorsque nous nous penchons sur leurs mesures, les finances sont mesurées presque quotidiennement et au centime près, la qualité perçue par les clients est mesurée tous les quelques mois, et la satisfaction du personnel est évaluée par sondages une fois l'an. Dans ce genre de situation assez répandue, nous pouvons tout de suite constater d'énormes différences entre les trois pieds du tripode concerné.

- La temporalité des mesures manifeste un écart énorme entre une cadence quotidienne très précise et un rythme annuel bien plus espacé.
- La précision des mesures manifeste un écart aussi important entre des unités matérielles financières presque microscopiques, et des thèmes statistiques et bien plus généraux, évalués par des sondages relativement subjectifs.
- Il y a moins de discours sur les résultats financiers qui sont très bien comptés, selon des normes comptables peu changées d'année en année. Les chiffres parlent ici d'eux-mêmes, quelquefois de façon impitoyable.
- Les grands discours qui valent des grands-messes annuelles, des affiches colorées, des slogans publicitaires, etc. concernent surtout les domaines qui pèchent par leur manque de mesures.
- Ces mêmes domaines affichent souvent des mesures bien plus subjectives et régulièrement manipulées, par exemple en organisant une belle fête du personnel juste avant de lancer un sondage sur la qualité de leur environnement de travail.

En comparant les instruments de mesure et la réalité qu'ils mesurent, il est possible d'affirmer que les trépieds sur lequel reposent ces cultures d'entreprise sont relativement déséquilibrés. Il existe certes un pole financier relativement massif, flanqué de deux petits bâtons bien symboliques.

Quelques exemples de mesures utiles

- 1) Une entreprise de service touristique recueille des rapports détaillés mesurant la satisfaction de chaque client sur toutes les étapes de son expérience de voyage, de sa prise initiale de commande jusqu'à son retour chez lui. Service par service.

Ces informations sont traitées tous les mois et rendues accessibles à tout le personnel de l'entreprise. Les mesures affichent les évolutions dans le temps, des résultats comparatifs, service par service. Ce système informatisé fournit à la fois l'historique et la progression en continu, chaque semaine de l'année. Sans grande surprise, cette entreprise est reconnue pour sa qualité de service-client, en constante évolution positive.

- 2) Une autre entreprise mesure tous les indicateurs de qualité de management, manager par manager, à tous les niveaux. Ces résultats sont affichés à la vue de tous, dans les couloirs des bureaux. On peut y voir, service par service, le taux d'actions d'intégration de nouveau personnel, de turnover, d'accident, d'absentéisme, de promotion interne, d'entretiens annuels effectués, de rythme de réunions d'équipe, les coûts de remplacements, réparations et casse de matériel, le nombre de demandes de mutations, etc.

Ces mesures d'indicateurs de la qualité de management sont affichées au mois le mois, tout au long de l'année. Sans surprise, les managers concernés prennent au sérieux leur implication personnelle dans ce qu'ils considèrent leur cœur de métier : s'occuper de leur personnel. Sur le marché, cette entreprise modèle est considérée comme un employeur privilégié. Elle n'a aucun problème de recrutement.

Il est évident que l'acte exécutif ou créatif que représente une décision n'a de valeur palpable que s'il est suivi de mise en œuvre ou de réalisation dont la véracité est mesurable, suivie, traçable, affichée, connue et commentée par tous. Alors les actes commencent à remplacer les paroles.

- 3) Un adolescent en difficulté scolaire subit de plus en plus la pression de ses parents qui lui demandent de faire des comptes-rendus réguliers. Ils suivent toutes les notes obtenues à chaque contrôle, test, devoir ou autre mini-examen et évaluations hebdomadaires et mensuelles.

Bien évidemment, la relation entre ces parents soucieux et l'adolescent s'envenime peu à peu, ce qui ne permet pas le développement d'une ambiance plus studieuse. Alors les parent décident de donner à leur adolescent les moyens de concevoir son propre tableau de suivi. Sur l'axe vertical figurera la gradation de notes de zéro à vingt, et sur l'axe horizontal les douze semaines de classes jusqu'à la fin de l'année. Ils proposent au fils de noter par un point sur son tableau, chaque note qu'il reçoit dans une matière. Chaque matière avec sa couleur correspondante. Brun pour Géo, bleu pour maths, vert pour histoire, orange pour biologie, mauve pour Espagnol, etc. (voir exemple sommaire ci-dessous).

Le tableau fut fait. Le fils relia ensuite les points pour illustrer comment sa moyenne générale évoluait au fil des semaines. Il afficha son tableau de suivi dans sa chambre devant son bureau. Au fur et à mesure que les semaines avançaient, il remarqua des évolutions et paliers. Ce système d'auto-mesure eut plusieurs effets plutôt positifs :

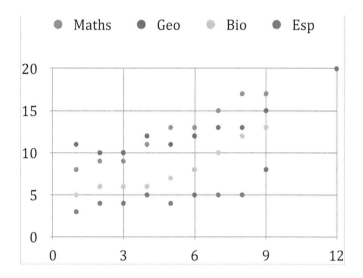

- En affichant qu'il suivait ses propres résultats, il permit aux parents de remettre en question leur perception de son désintéressement du niveau de ses notes.
- Cela permit au fils de développer une perception d'ensemble de ses résultats hebdomadaires, et graduellement devenir un peu plus stratégique dans sa façon d'influencer ses progrès.
- Remarquant une première petite évolution dans le temps, l'adolescent se motiva pour exercer un peu plus d'influence sur ses résultats.
- Remarquant ensuite que ses premiers efforts étaient payants, il évalua mieux ce qu'il devait faire pour s'améliorer davantage.
- N'ayant plus ses parents inquiets sur son dos, il se sentit de plus en plus responsable de sa propre réussite.

Notez ici que le fait de pouvoir suivre, donc de s'approprier ses propres résultats, le motive à les améliorer, et l'aide à devenir plus autonome.

- De leur côté, les parents ont eu la bonne intelligence de lâcher leur rôle directif, jusqu'à apprendre à féliciter leur fils à chaque fois qu'une évolution positive était relevée.
- Les relations familiales se sont tout naturellement améliorées.

Un peu plus tard, en prenant un peu plus de recul sur lui même, grâce au miroir que lui offrait son tableau de suivi, le fils ajouta une autre ligne à son tableau. Elle correspondait à la moyenne générale de ses notes, toutes matières confondues. Il remarqua ainsi que les résultats en Espagnol tiraient sa moyenne à la baisse. Cela le motiva à travailler un peu plus cette matière qui ne lui plaisait pas.

Cette illustration familiale tirée à partir d'un cas réel peut servir à remettre en question toute la façon dont nous envisageons le suivi des mesures de résultats en entreprise. Cela permettra ici un changement de paradigme qui permet de réaliser des résultats bien plus conséquents.

Mesures de résultats, délégation et contrôle

A chaque fois qu'il s'agit de mesurer des résultats au sein de systèmes familiaux et professionnels, il est souvent surtout question de contrôle parental ou hiérarchique. Cet état de choses disparaît tout naturellement lorsque nous comparons ces systèmes collectifs avec d'autres situations personnelles ou professionnelles qui ne concernent que des individus en solitaire, c'est à dire sans hiérarchie.

Dans les entreprises et organisations, les systèmes de mesure sont habituellement mis en place et gérés par des services centraux. Ces derniers manient les chiffres de façon à mettre en lumière ce qui intéresse la direction. Aussi ils choisissent ce qu'ils communiquent en fonction des consignes de la direction et des zones d'intérêt du management. Par conséquent, le suivi des résultats est une fonction clé de la direction voire du management. C'est normal, peut-on penser, les autres sont trop occupés à produire.

Habituellement dans ce type de contexte, plus il s'agit de la base, moins il est envisagé de leur donner les résultats quotidiens sur toutes les dimensions qui concernent leur production ou activité. L'exception à la règle, bien entendu, est tout ce qui concerne les chiffres de qualité, ou plutôt de non-qualité. Il s'agit là des défauts, des rebus, des erreurs de service et autres retards qui sont rapidement partagés avec la base avec force détails très précis.

- **Note :** Il est rare que la base ait accès à autant d'informations sur sa production que la direction, alors même que tous ces chiffres concernent leurs résultats, pas ceux de la direction. De fait, le siège et la direction générale ne font qu'additionner les chiffres des résultats de la base, afin de se les approprier et s'auto-féliciter.

Il est ici utile de faire un parallèle avec le cas présenté plus haut concernant une relation équivalente entre des parents et un adolescent. Lorsque la base n'a pas ses mesures de résultats de façon régulière, elle perd l'intérêt pour son travail. Lorsque les différentes tâches qu'elle doit accomplir ne s'additionnent pas, elles n'ont aucune cohérence globale. De ne pas leur donner les moyens de comprendre le sens global de ce que fait la base en transforme les membres en tâcherons. Si ces derniers n'ont pas les moyens de comprendre le sens général de ce qu'ils font et se démotivent.

Face à cette démotivation, la hiérarchie comme les parents s'inquiètent des résultats insatisfaisants et font pression. Peu à peu la relation se détériore. En effet, la pression ne fait rien pour motiver. Elle provoque juste de la résistance passive, qui détourne encore plus d'énergie utile, et qui dégrade encore davantage l'ambiance. La motivation prend un coup supplémentaire dans l'aile.

- Notez à ce stade qu'augmenter le niveau des salaires ne change rien au fond du problème. Cela ne sert qu'à mieux s'assurer que l'équilibre instable perdure.

Le partage transparent des mesures

De façon stratégique, la direction, les services centraux et le management d'un ensemble collectif comme une entreprise peuvent décider de réellement mettre en transparence interne tous les indicateurs de production de chacun des employés. Ce faisant, ils amorceront un virage qui les aidera à fondamentalement transformer l'ensemble du paradigme de réussite, de responsabilité, d'engagement et de motivation de l'organisation, ceci de façon systémique. Les conséquences sont bien plus étendues que l'on ne pourrait le penser avant de s'engager sur cette voie de collaboration paritaire. Pour en arriver là, cependant un certain nombre de critères de partage d'information doivent être respectées. En effet, il nous est très difficile de faire du nouveau si l'on tient à préserver nos anciennes habitudes.

En prenant un exemple relativement classique du management d'un réseau de vente divisé en régions composées de secteurs qui chacun comprend une équipe de vendeurs, il est d'abord utile de choisir le chiffre le plus stratégique qu'il convient de partager. Si l'on souhaite augmenter la part de marché, il s'agira de partager des chiffres de volume de vente. Si l'on souhaite augmenter le pourcentage de marge, c'est plutôt ce chiffre là qu'il faudra afficher.

- Constatez que ces stratégies sont liées. Un développement du volume pourrait avoir comme résultat de faire baisser le pourcentage de marge. L'augmentation de cette dernière pourrait avoir une influence négative sur le volume général. Un taux de marge élevé peut effectivement affecter les ventes à la baisse.

Bien entendu, afin d'arriver à une conclusion acceptée, il est utile d'entamer un dialogue avec un groupe de vendeurs issus de toutes les régions. Cela permettra d'arriver à un d'accord sur une logique de choix en cohérence avec la stratégie de l'entreprise. Il faut que tous comprennent la finalité de la démarche.

Pour l'exemple, choisissons de partager des informations sur le volume de marge par vendeur. Alors si un vendeur vend beaucoup de produits à marge faible, il peut faire l'équivalent d'un autre qui vend peu, à marge élevée.

Avec les vendeurs l'étape suivante consiste à concevoir un premier tableau d'affichage de suivi, appelé ici un tableau de traçage ou de tracking. Dans l'exemple ci-dessous, la colonne de droite liste des unités de vente, en commençant au plus local pour arriver au plus général ou global. Il s'agit ici de nommer tous les vendeurs d'une région, puis les régions, afin de conclure par territoire total, à l'occasion le pays.

Considérez le tableau simplifié ci-dessous qui liste sur la gauche les vendeurs d'un secteur, puis les autres secteurs d'une région, puis les autres régions pour arriver au résultat de pays. Sur le haut, chaque colonne représente les semaines consécutives d'une opération ponctuelle, ou dans le cas de ventes annuelles, les 52 semaines d'une année complète.

Les équipes de vente qui assurent notre avenir

Contributions hebdomadaires au volume de marge pour XYZ France SA

	1	2	3	4	5	6	7	8	9	10	11
Jean											
Paul											

	1	2	3	4	5	6	7	8	9	10	11
Lise											
Eve											
Sec 1											
Sec 2											
Sec 3											
reg 1											
reg 2											
reg 3											
Pays											

Une fois qu'un tableau de résultats est conçu sur ce modèle général, une copie identique est affichée dans chaque secteur. Bien entendu les noms des membres de l'équipe locale varient afin de représenter à chaque fois les vendeurs de la région concernée.

La suite est facile à imaginer. En chaque fin de semaine le résultat total des marges cumulées par chaque vendeur est affiché dans sa case appropriée. Le total des résultats de tous les vendeurs est inscrit pour la case qui concerne leur secteur. Les secteurs puis régions échangent leurs résultats en fin de chaque semaine afin d'illustrer partout les contributions de chaque périmètre géographique et permettre l'addition qui donne la marge des ventes nationales.

Les effets systémiques du traçage

Bien entendu par sa nouveauté, ce type de suivi par affichage public soulèvera d'office un certain nombre de résistances idéologiques. Celles-ci sont généralement mises en avant en premier. Il vaut toujours mieux aborder voire envisager les avantages ! En premier, considérons les critères de réussite pour effectuer ce type d'approche :

- Le tableau part du plus petit, du plus local, de l'unité de vente que représente le vendeur, pour peu à peu arriver au plus général, le résultat du pays. Il ne pose pas l'ensemble d'abord pour ensuite le décliner vers le particulier, comme cela se fait d'habitude pour les chiffres poussés par la direction. A l'inverse, cette approche illustre comment la contribution de chacun contribue au collectif.
- Au delà de l'individu, ce type de tableau affiche dans chaque secteur le résultat de chacun des vendeurs tout en permettant une comparaison avec d'autres secteurs de la même région. Un peu plus bas, il affiche le résultat de chaque région dans sa contribution au résultat général du pays. Chacun, chaque secteur et chaque région peut ainsi constater sa contribution au résultat total.
- Le tableau affiche l'historique, ce qui permet de suivre les progressions au fil du temps. Cela permet d'avoir un regard sur l'évolution des contributions de chaque ensemble contributif plutôt que de s'arrêter à un résultat ponctuel puis l'oublier la semaine ou le mois suivant. De ce fait, le regard est plus porté sur l'évolution dans le temps que sur une comparaison occasionnelle. De ce fait, les grosses régions à progressions lentes ne contribuent pas autant à l'évolution des marges que les petites lorsqu'elles sont dynamiques.
- Remarquez que sur son axe horizontal, le tableau affiche des résultats hebdomadaires et non mensuels. Le principe ici est aussi de commencer du plus local afin d'arriver au plus global. Il est quelquefois utile d'y ajouter une colonne supplémentaire pour afficher les résultats cumulés par périodes de quatre semaines.

Le rythme d'affichage hebdomadaire a un effet bien plus mobilisateur qu'un rythme mensuel. Le mensuel est un rythme comptable, voire de sénateur. Le quotidien est le rythme de ceux qui œuvrent à la vraie réalisation de résultats de performance. Le mieux, quelquefois utile pour d'autres métiers, est de localement afficher des résultats quotidiens. Ils sont ensuite reportés en fin de semaine sur un tableau qui affiche les résultats hebdomadaires, tout au long de l'année.

Bien entendu, dans l'esprit de transparence, il est utile d'envisager la conception de très grands tableaux, affichés sur de longs murs, visibles par toute la population que l'on souhaite impliquer. Bien sûr tout en respectant la confidentialité de rigueur par rapport aux personnes non concernées. Cela provoque quelquefois la remise en question de quelques cultures qui reposent sur le secret excessif des informations, qui donnent un pouvoir illusoire à ceux qui les détiennent.

- Par ailleurs dans un souci d'une nouvelle forme de communication transparente et motivante, il est aussi utile de concevoir des tableaux assez larges, valorisants, clairs, simples et motivants. A l'image de notre exemple ci-dessus, les titres et sous-titres des tableaux méritent aussi une réflexion stratégique dans un esprit de communication valorisante.

Notez en passant que cette mise en œuvre ne nécessite pas de grands moyens. La mise en place peut prendre à peine une semaine alors que les vendeurs seront bien plus motivés pendant toute la saison, le cas échéant toute l'année. Au sein de beaucoup d'entreprises, les chiffres existent déjà sur des tableaux Excel, souvent tenus secrets, sortis qu'au mois le mois pour rapidement être oubliés pendant les trente jours qui suivent. Souvenez-vous de l'exemple concernant la relation négative qui en résultait entre un adolescent et ses parents.

Quelques effets émergents

Comme nous l'avons évoqué à travers les divers exemples personnels et professionnels en début de chapitre, ce type de partage de résultats peut radicalement changer le paradigme de contribution individuelle aux résultats collectifs.

Lorsque chacun, chaque équipe et chaque région peut quotidiennement suivre l'évolution de ses résultats, il peut immédiatement agir en conséquence. Il développe sa responsabilité quant aux chiffres qui lui appartiennent. Il se motive et se met spontanément à l'action corrective, voire créative.

Beaucoup soulèvent l'inquiétude que de tels affichages renforcent des dynamiques de compétition interpersonnelles. Cela ne tient pas compte que chaque personne tend à devenir solidaire d'un esprit d'équipe. Il partage et collabore bien plus pour influencer à la hausse les résultats partagés en comparaison à d'autres équipes. Une forme d'émulation s'installe relativement rapidement. Au niveau des secteurs d'une même région, le même phénomène pousse les équipes des secteurs dans des stratégies communes qui permettraient de faire évoluer leurs résultats de région.

Un autre effet important concerne l'émergence de champions qui par leur capacité tactique, de créativité, d'organisation personnelle, de dynamisme ou autre arrivent à fournir des résultats exceptionnels. Bien entendu, ils sortiront du lot et pourront servir de modèles, de tuteurs ou de formateurs des relativement moins performants sur les critères retenus. Il suffit pour le management d'officiellement leur proposer de jouer ces rôles de modèles. Cela permet d'assurer le développement de l'intelligence collective, d'abord à un niveau local puis de plus en plus national.

- **Attention :** Il est vrai aussi que de tels changements de paradigmes peuvent ne pas convenir à tout le monde. Il arrive quelquefois qu'ici ou là, quelques individus ne puissent pas s'adapter à une transformation culturelle trop transparente.

Dans ces cas occasionnels, après suivi ou coaching personnalisé, il est nécessaire pour une entreprise de considérer une mutation vers d'autres postes plus adaptés aux profils des personnes qui manifestent de telles difficultés. Il est important de ne laisser personne sur le bord de la route. Cela pourrait avoir un effet négatif sur la perception et la motivation de l'ensemble.

Afin de soutenir l'esprit d'un tel changement de paradigme, il est aussi intéressant de savoir que les mots concurrence et compétition reposent sur une étymologie commune :

- Concurrence, qui veut dire courir ensemble repose sur l'observation que chaque concurrent court bien plus vite s'il le fait à côté d'un autre que s'il court tout seul. La concurrence permet ainsi à chacun de se dépasser !
- Compétition vient de pétitionner ensemble, sous entendu en vue d'un résultat collectif commun.

A l'origine, ces deux mots n'ont aucun rapport avec la malsaine satisfaction issue d'un résultat où l'un des concurrents réussit seulement à dépasser l'autre. La vraie concurrence, c'est surtout le dépassement de soi. C'est là que l'on devient quelquefois témoins de grands sportifs, ceux qui choisissent de venir en aide à l'un de leurs concurrents en difficulté, au risque de se mettre hors jeu dans la course où il s'est engagé.

- **Exemples** : Une ville touristique des pays de la Loire fut ainsi le creuset d'une collaboration entre hôteliers pourtant tous concurrents. Au sein de leur région et chiffres à l'appui, ils ont échangé leurs meilleures pratiques au point de tous se hisser qualitativement et faire figurer leur région parmi les plus accueillantes de France. Au final tout le monde y gagna alors même que leur offre collective allait d'un petit « une étoile » à plusieurs palaces qui en affichaient cinq.
- Cela tranchait radicalement avec une autre ville où tous les hôteliers se livraient à une guerre des prix sans merci, au point de tellement tirer leur qualité à la baisse que leur clientèle commune finit par fuir la région. Pour la petite histoire, bon nombre d'entre ces derniers faisaient pourtant partie d'un même groupe.

Ces exemples illustrent l'intérêt d'un affichage transparent voire public de la contribution des résultats de chacun au sein d'un ensemble collectif. Avec un peu de créativité, ces principes de partages de résultats en toute transparence peuvent être mis en œuvre au sein de situations très diverses.

- Considérez l'échange authentique de chiffres de réalisations personnelles au sein d'un réseau souple voire d'une association professionnelle, où tous peuvent considérer qu'ils œuvrent dans le sens d'une finalité commune.

Dans certains des ces milieux où chacun se protège jalousement de la stratégie de réussite de l'autre, l'échange collaboratif entre professionnels pourtant concurrents pourrait servir à améliorer leur image de marque collective au point d'attirer bien plus de clients, tous ensemble.

IV

LE FEED-FORWARD

Au sein de divers milieux de management, de la formation, du conseil, du développement personnel, du coaching, etc. le feed-forward est une technique de communication récente et relativement originale qui s'avère très puissante. Même si elle est enseignée et utilisée au moins depuis le début des années 1990, elle est formellement encore peu connue du grand public.

Dans les milieux cités ci-dessus, la première fonction du feed-forward est d'améliorer et parfois même de remplacer l'usage de la rétroaction, plus communément citée sous son appellation anglaise, le feedback positif et négatif. Au fil du temps, l'usage du feed-forward a progressivement révélé qu'il allait bien plus loin qu'un simple outil de communication. A l'usage régulier, il facilite tout un changement de perspective.

Lorsque ce processus assez simple est correctement et régulièrement mis en œuvre en situation de face à face ou collective, il peut devenir

- Une micro-compétence à effet résolutoire permettant un retour sur investissement pratiquement immédiat.
- Un outil stratégique très puissant, capable de provoquer de profonds changements de perspective, comme à terme des évolutions profondes personnelles puis collectives.

En fait les coachs systémiques considèrent le feed-forward comme une excellente micro-compétence de développement personnel et professionnel, individuel et collectif. Sa qualité de micro-compétence lui permet d'être insérée au sein d'une multitude de séquences relationnelles quotidiennes. C'est une méthode qu'il est possible de rôder de nombreuses fois par jour dans un très grand nombre de situations, même les plus difficiles.

- L'effet d'un tel rodage intensif a des conséquences plus larges, allant jusqu'à influencer le paradigme d'évolution des interlocuteurs et des systèmes concernés.

En bref, la technique de feed-forward peut aider à créer des changements d'attitude, à améliorer des relations de collaboration, à modifier des styles de management, à transformer des relations tendues ou conflictuelles, etc. Il peut être mis en œuvre de façon utile dans la résolution de problèmes, dans la résolution de conflits et la médiation, dans la formation et le conseil, dans des entretiens d'évaluation, dans la gestion de projets, dans le parentage, en situations de couple, etc.

Mis en œuvre à plus grande échelle au sein d'équipes et d'organisations, la technique de feed-forward peut aussi soutenir un management de délégation et peut favoriser des changements résolutoires dans la culture d'entreprise.

Assurément, si la micro-compétence de feed-forward peut être appliquée à des situations éminemment simples et locales, elle peut provoquer des résultats puissants, et innovants dans des ensembles bien plus larges, à un niveau bien plus global.

Qu'est-ce que le feed-forward ?

Très simplement, plutôt que de formuler des feedbacks positifs ou négatifs reposant sur une observation ou un constat, la technique de feed-forward consiste à formuler des demandes ou à proposer des options et solutions tournées vers l'avenir.

Dans le cadre d'une relation insatisfaisante, lorsque l'on vient de vivre une situation difficile, ou lorsque l'on ressent qu'une personne ou un groupe a un potentiel de développement, le feed-forward consiste à proposer des solutions actives et pratiques :

Exemples :
- La prochaine fois que vous aborderez un virage sur la route, je vous propose de ralentir avant le virage et d'accélérer dans la courbe.
- Pour les prochaines réunions, je vous suggère d'établir un accord

personnel avec Jean, votre voisin de bureau, afin qu'il vous invite à l'accompagner lorsqu'il décide de venir. Vous verrez ainsi qu'il arrive toujours à l'heure.
- La prochaine fois que tu empruntes mes outils, ça m'arrangerait que tu les remettes à leur place. Ça m'évitera d'avoir à les chercher partout.

Ce type de remarque très simplement formulée peut avantageusement remplacer des commentaires de feedbacks positifs ou négatifs, comme probable dans les exemples ci-dessus. En effet elles concernent les façons dont des personnes conduisent mal, arrivent en retard et oublient de remettre des affaires empruntées à leur place. Le feed-forward centré sur la proposition de comportements pratiques est souvent plus utile que des affirmations centrées sur des principes généraux tels qu'à l'avenir, il faut que tu viennes à l'heure, que tu ranges tes affaires ou conduises plus lentement.

Dans un grand nombre de situations personnelles et professionnelles, la mise en œuvre systématique de la micro-compétence du feed-forward propose un certain nombre d'avantages évidents :

- Elle est centrée sur la proposition de solutions, fournissant des indications claires sur la façon de résoudre un problème,
- Elle est orientée vers l'avenir, en évitant des commentaires inutiles sur les comportements ou résultats passés. En effet, ceux-ci ne peuvent plus être modifiés.
- Elle est comportementale : elle concerne des solutions plutôt que des principes ; des actions plutôt que des personnes.
- Elle n'est pas perçue comme un jugement, elle ne dispense pas de critiques positives ou négatives.
- Elle est opérationnelle et efficace, offrant très directement et simplement des avenues d'amélioration, des options de solution ou des axes de développement.
- Elle est factuelle et respectueuse, et contribue en cela à initier et renforcer des relations positives et des partenariats évolutifs.
- Elle est participative, car elle permet à toutes les personnes impliquées dans une relation ou un contexte collectif de réfléchir à des moyens pratiques d'amélioration des résultats.
- Elle permet d'éliminer des escalades émotionnelles négatives ou de mauvaises expériences relationnelles potentiellement répétitives.
- Elle permet d'éviter ou de résoudre des conflits par le repositionnement de la relation dans une dimension positive et favorable.
- Elle ouvre la voie pour préparer une relation de tuteur ou de manager

- coach, par exemple dans la situation ci-dessus: « Voici bientôt une courbe... voulez-vous tester la stratégie de ralentir avant la courbe puis d'accélérer lorsque vous êtes dans le tournant ? »

De toute évidence, les avantages pratiques de la micro compétence de feed-forward sont nombreux et mesurables. Ils deviennent rapidement perceptibles par les personnes qui décident de la pratiquer sur une base régulière.

- **Attention :** La nécessité d'un apprentissage pratique du feed-forward est souvent sous-estimée.

En effet, un certain nombre d'observations et de précautions importantes peuvent concerner la mise en œuvre positive de cette compétence.

Contextes de feedbacks positifs et négatifs

Revenons d'abord aux feedbacks plus traditionnels. Au sein de divers milieux collectifs personnels ou professionnels et en réaction à un comportement inefficace ou inapproprié, il est utile sinon nécessaire de savoir réagir. Dans la plupart des environnements sociaux et culturels, cette nécessité est évidente. Malheureusement, la façon de s'y prendre peut différer du tout au tout. En effet selon le contexte, des valeurs, des principes, des habitudes, des traditions etc. déterminent des techniques très différentes sur la façon dont cette réaction peut être exprimée.

Les critères culturels de feedbacks sont si profondément ancrés que chaque ensemble social est totalement convaincu que sa façon de faire est la meilleure, et que celle des autres totalement irrecevable ou inefficace. En conséquence, de nombreux malentendus voire conflits peuvent surgir à l'occasion de relations entre les personnes issues de ces milieux culturels si différents.

Exemples :
- Dans les milieux Latins, lorsqu'une personne n'est pas satisfaite du comportement d'un autre au sein d'une relation personnelle ou professionnelle, le feedback négatif est considéré comme une réaction si naturelle qu'elle est souvent automatique. « Ce comportement n'est pas efficace », « cette étude n'est pas très réussie. », « Ne fais pas ça. », « Je n'aime pas quand tu ... », « Vos ventes ne sont pas très bonnes depuis quelques semaines », etc.

Chez les Latins, une telle approche directe permet de provoquer soit une adaptation rapide, soit une réponse défensive. Quelle que soit la réponse à un tel commentaire sur un comportement, celle-ci permettra de révéler la nature profonde de la relation. Est-elle solide, fragile, en mutation, hiérarchique, authentique, etc. ?

Par conséquent, un feed-back négatif sert souvent à révéler la qualité d'une relation et lui permettre d'évoluer, soit dans un sens plus positif, soit dans le sens d'une dégradation comme un conflit ou une séparation. Dans les cultures latines, le feed-back négatif contribue à révéler la nécessité de mettre en œuvre des adaptations positives, si l'on souhaite préserver la relation.

Parfois presque accessoirement chez les latins, le feed-back négatif permet aussi de rapidement poser et traiter les problèmes opérationnels, pratiques ou comportementaux.

- Au sein d'autres contextes culturels, tels les milieux anglo-saxons, ce même type de feed-back négatif est évidemment considéré comme totalement inacceptable. Lorsqu'il est utilisé, il indique que la relation est déjà conflictuelle voire proche de la rupture.

Par conséquent, dans les pays anglo-saxons, le feed-back négatif est généralement considéré comme beaucoup trop direct ou directif, à la limite de la grossièreté et tout à fait démotivant. De plus, si le ton utilisé démontre une infime dose d'impatience ou de contrariété, cela sera totalement inacceptable.

Dans ce type d'environnement culturel, alors que le feed-back négatif commente aussi des comportements inappropriés, il est généralement perçu comme une critique voire une attaque de la personne dans son ensemble. En tant que tel et à juste titre, il est presque violemment rejeté.

Par conséquent, dans les cultures anglo-saxonnes, le feed-back négatif est très rarement considéré comme utile, instructif, favorable au développement des personnes, de leur autonomie ou de la relation. Il est même perçu comme une preuve que la relation a déjà évolué dans un sens très négatif, et que la séparation ou le conflit ouvert est déjà à prévoir. Lorsque ces feedbacks négatifs sont exprimés de façon régulière, ils réussissent à provoquer un processus de communication étouffant sinon démotivant et renforcent un cadre relationnel clairement hiérarchique et rebelle ou soumis. La pratique du feed-back négatif dans les cultures latines renforce la perception des anglo-saxons que ces dernières sont fondamentalement hiérarchiques.

En conséquence, le fait d'exprimer directement des feedbacks négatifs dans le monde anglo-saxon est considéré comme politiquement incorrect. De plus, ce cadre de référence s'est progressivement propagé dans tous les contextes organisationnels internationaux et multiculturels historiquement influencés par les anglo-saxons.

En conséquence de ces différences culturelles :

- Pour les latins, il faudrait apprendre à lire entre les lignes pour comprendre les expressions anglo-saxonnes alambiquées qui tentent d'adoucir, d'édulcorer et parfois d'éviter d'exprimer ce qui pourrait être bien plus clairement affirmé par un feed-back négatif plus direct. Les anglo-saxons sont perçus comme presque hypocrites.
- Pour les anglo-saxons, il faudrait apprendre à accepter des feedbacks comportementaux négatifs, certainement plus opérationnels et plus efficaces, sans pour autant les prendre comme des affronts personnels ni immédiatement réagir en déployant des stratégies défensives ou offensives servant essentiellement à sauver la face, pire à se défendre ou contre-attaquer.

Positif ou négatif, quel feedback donner ?

Bien entendu, la question est mal posée. La véritable question est bien entendu pourquoi choisir ? Depuis longtemps, toutes les recherches utilisant des machines à apprendre ont prouvé, et ceci sans aucun doute, que la bonne solution consiste à donner autant de feedbacks positifs que négatifs, en respectant un strict équilibre à 50/50. En effet, les études prouvent que trop de négatif est assurément démotivant, et que trop de positif finit par développer de l'autosatisfaction complaisante où le paraitre est plus important que le faire.

Une autre dimension que ces recherches comportementales n'ont cependant pas mesuré, c'est de savoir si des commentaires positifs et négatifs sur un comportement passé peuvent servir à créer un nouveau comportement dans l'avenir. En effet, alors que les champions de l'un ou l'autre préjugé culturel soutiennent le bien-fondé de l'une ou l'autre forme de feed-back, les deux camps sont fondamentalement d'accord. Ils adhèrent tous deux au résultat suivant :

- Le fait d'offrir des commentaires positifs ou négatifs pour souligner des atouts ou limites comportementales observées dans le passé n'ouvre absolument pas sur de nouvelles solutions précises, qui seraient plus utiles dans l'avenir.

La vérité évidente est en effet, que les feedback positifs et négatifs sont tous deux axés sur le passé et non pas vers l'avenir. Offrir un feed-back est l'équivalent de commenter ce qui peut être perçu dans le rétroviseur d'une voiture, plutôt que de proposer des options pour ce qui pourrait être perçu à travers le pare-brise.

Or justement, la technique de communication de feed-forward permet de brusquement changer de perspectives sur la façon de communiquer des solutions optionnelles pour les situations futures. En cela, le feed-forward est une technique résolument méta-culturelle.

Perspectives manager-coach du feed forward.

Pour être très explicite sur l'utilisation de feed-forward dans le coaching, la plupart des professionnels du métier considèrent qu'il est absolument déconseillé pour les coaches d'offrir à leurs clients des options ou des solutions. Par conséquent, il faut tout de suite préciser que le feed-forward est une technique de communication peut être très utile, mail elle n'a pas sa place dans une relation formelle de coaching.

Toutefois, le feed-forward est orienté vers l'avenir, vers l'action, et vers la mise en œuvre de solutions. Ces trois orientations sont paradoxalement assez fondamentalement cohérentes avec un cadre de référence de coaching. En effet, la perspective principale caractéristique d'une posture de coach est que ces professionnels utilisent leur art dans le but d'aider leurs clients à se concentrer :

- Davantage sur leurs ambitions que sur leurs problèmes,
- Plutôt sur leurs aspirations que sur leurs lacunes,

- En priorité sur leur avenir plutôt que sur leur passé,
- Surtout sur leurs points forts et leurs soutiens utiles plutôt que sur leurs faiblesses et limites,
- Etc.

En clair et en bref, si les coachs aident leurs clients à se concentrer sur leur avenir plutôt que sur leur passé, ils devraient être mieux outillés pour donner des feed-forwards que des feedbacks.

Il se trouve que les professions de manager, de formateur, de consultant, que les dirigeants, les recruteurs et les enseignants, que toutes les autres professions préoccupées par le développement humain n'ont pas le même genre de scrupules à fournir des options ni à donner des conseils. En fait, la suggestion de comportements préférentiels pourrait même être considérée comme faisant partie intégrante de leurs métiers :

- **Exemple :** « Afin de développer un revers de tennis plus puissant, essayez de tourner le dos au filet lorsque vous préparez votre swing. Cela vous permettra de considérablement augmenter la force que vous mettrez dans la balle. »

Un instructeur de tennis avait donné ce bon conseil à un jeune joueur. Il l'a appliqué et de meilleurs résultats lui ont permis de construire sa confiance en lui. Il a ainsi pu devenir un bien meilleur joueur de tennis.

- **Exemple :** Un jeune entrepreneur aurait sans doute souhaité que quelqu'un lui conseille de faire attention à ne jamais avoir un seul compte client constituant plus de vingt pour cent de l'activité totale de son entreprise.

Lorsque son client le plus important a décidé d'interrompre les services que lui fournissait l'entreprise du novice, celle-ci a failli péricliter, il lui a fallu plus d'un an de lutte pour revenir dans la course.

Les deux exemples ci-dessus illustrent l'intérêt évident d'offrir à autrui des options facultatives centrées sur des solutions d'avenir plutôt que sur les problèmes passés. Dans le cas de l'instructeur de tennis, ses conseils reposaient sûrement sur le constat que le revers de l'adolescent était en effet assez minable. Mais il s'est abstenu de faire des commentaires positifs ou négatifs. Cela n'aurait d'ailleurs pas été d'un grand recours.

Dans le cas de la mésaventure de l'entrepreneur, un cabinet d'expertise comptable plus attentif aurait pu percevoir le danger potentiel dans le mauvais équilibre du portefeuille clients. Il aurait pu spontanément offrir des conseils avant un naufrage probable, tôt out tard.

- En d'autres termes, des conseils sous forme de feed-forwards peuvent souvent être formulés afin de permettre une évolution ou afin d'éviter d'éventuelles conséquences négatives, avant même que celles-ci n'apparaissent à l'horizon.

Par conséquent, le feed-forward est un excellent moyen d'offrir des options centrées sur l'avenir et orientés vers des solutions. Ces conseils sont en fait proposés dans une perspective de coach, alors même que l'on peut être un leader, un manager, un formateur, un collaborateur, un partenaire, un consultant, un parent. Ce type de conseil est d'ailleurs déjà souvent offert par les professionnels et relations cités ci-dessus. Toutes ces personnes pourraient cependant aller encore plus loin, en apprenant à systématiquement remplacer tous leurs feedbacks par des feed-forwards. Voilà en effet ce qui serait un changement profond dans leurs habitudes.

De nouvelles habitudes de communication

Envisagez de partout développer cette nouvelle micro-compétence. Il suffit de faire l'exercice pratique suivant : Dans n'importe quel cadre personnel ou professionnel, considérez d'abord une personne avec qui vous voulez tester un processus complet de feed-forward. Lorsque vous aurez sélectionné une personne précise, envisagez un changement de comportement que vous pourriez lui proposer.

1) Préparez votre phrasé, par exemple :
- Pour un membre de la famille : « Lorsque vous emprunterez ma voiture dans l'avenir, si vous la rendez avec un réservoir vide, pouvez-vous me le dire tout de suite afin que je puisse en faire le plein ? Cela m'évitera de le découvrir trop tard et de rater mes rendez-vous. »
- Pour le manager d'un autre département : « La prochaine fois que l'on reçoit une commande de Texibio, pouvez-vous immédiatement nous envoyer une copie complète du dossier ? Cela nous permettra de vraiment sécuriser le processus de facturation et de règlement. »

Pour introduire ces demandes en feed-forwards, il peut être utile de commencer par obtenir un accord de le faire:

« Puis-je vous formuler une demande ? » Si plutôt que de formuler une demande le feed-forward offre des conseils ou des options, la question pourrait alors être : « Pourrais-je vous offrir un conseil ? »

Une autre introduction utile consiste à adopter et formuler une position basse[17] ou une attitude de modestie ou encore une posture d'humilité : « Dites-moi si je vous dérange, mais je voudrais vous formuler une demande. Est-ce possible ? » Ou encore : « Je sais que vous ne m'avez rien demandé, et le moment peut ne pas vous convenir, mais je pense que je pourrais vous donner quelques conseils pour réussir votre démarche. Etes-vous preneur ? »

- 2) Testez ou rôdez votre entière phrase plusieurs fois avant de tenter de l'appliquer avec le partenaires que vous avez choisi.
- 3) Après l'avoir mis en œuvre dans le cadre que vous avez choisi, répétez le processus régulièrement avec d'autres personnes, sur différents sujets, en expérimentant l'offre de conseils et la formulation de demandes.

Expérimentez le processus à la fois dans votre environnement de travail et dans votre vie privée, au moins deux fois par jour pendant une période d'un mois complet.

En devenant plus compétent, laissez-vous improviser et expérimentez de donner des feed-forwards dans des situations imprévues et avec des personnes inattendues. A la fin de cette période de rodage, mesurez-en les effets sur vous, sur les autres, sur la qualité de vos relations.

Observations et conclusions

Beaucoup de personnes éprouvent des difficultés majeures à apprendre des nouvelles habitudes de communication. Le remplacement systématique de feedbacks par des conseils ou demandes centrées sur l'avenir peut initialement leur sembler très difficile. Dans un processus d'apprentissage, cela en surtout vrai au tout début, lorsque le corps semble avoir des difficultés à effectuer de nouvelles connexions synaptiques.

Quelquefois, les efforts visant à installer de nouveaux processus de pensée et de nouvelles habitudes linguistiques peuvent presque être physiquement douloureux. C'est cela, la difficulté d'apprentissage. Considérez toutefois que de rôder une telle micro-compétence a le mérite de faciliter l'agilité des neurones.

Peu à peu, lorsque de nouvelles avenues mentales sont testées, utilisées et

---

[17] La position basse est une autre micro-compétence, abordée au sein du chapitre suivant.

développées, nous y ressentons bien plus d'aisance. Comme dans tout apprentissage, après un rodage pratique, nous commençons à percevoir que nous avons développé de nouvelles habitudes. Après quelques semaines de pratique quotidienne, les nouvelles compétences commencent à être ressenties comme naturelles. Elles deviennent des réponses automatiques ou de nouvelles habitudes. Ce processus de changement peut prendre un peu plus de 30 jours. Cela est vrai pour toutes les micro-compétences proposées au sein de ce texte.

Ce qui peut sembler surprenant, c'est que beaucoup de nos interlocuteurs réagissent très favorablement à des demandes, des conseils ou des options résolutoires formulées en feed-forward. Culturellement, beaucoup d'entre nous ont en fait développé des anticipations négatives, voire de la peur, lorsqu'il s'agit d'exprimer à autrui nos préférences où des conseils de changement. Ces anticipations négatives expliquent pourquoi nous évitons entièrement de réagir, ou alors en bons latins, nous le faisons de façon relativement négative.

Lorsqu'initialement, nous apprenons à faire des feed-forwards, il nous reste encore des vestiges de cette anticipation négative. Nous ressentons de la surprise, plus tard au cours de notre apprentissage, lorsque nous constatons que nos interlocuteurs sont souvent réceptifs à nos propositions, voire sont reconnaissants. En effet, leur valeur ajoutée est presque immédiate.

Après avoir quotidiennement pratiqué le feed-forward pendant quelques semaines, vous pourrez aussi commencer à sentir que votre perspective générale sera en cours de changement. Vous remarquerez peut-être que peu à peu, vous êtes de plus en plus centré sur la recherche de solutions plutôt que sur des difficultés et problèmes.

Peu à peu vous vous sentirez plus centré sur les options futures que sur les difficultés du passé. Vous serez plus conscient de toutes les actions possibles plutôt que préoccupé par l'analyse de ce qui s'est passé ou pas a mal tourné. En général, vous aurez peut-être changé de regard, portant un peu plus votre attention vers l'avant que de regarder en arrière. De cette façon, vous aurez progressivement développé une perspective de coach dans la façon dont vous vivez vos relations personnelles et professionnelles.

- Quand une habitude de feed-forward est développée à plus grande échelle au sein d'équipes et d'organisations, le processus devient progressivement culturel, dans le vrai sens de ce mot galvaudé.

Il devient une habitude comportementale collective que les membres d'un ensemble social reconnaissent comme faisant partie intégrante de leur identité collective. En cela, la micro-compétence de feed-forward commence à faire son effet systémique. Elle modélise, est facilement repérable et simple à expliquer. De plus, elle est rapidement reproduite au sein de systèmes, de façon presque virale.

Dès leur arrivée, les nouveaux membres de ces systèmes collectifs sont formés à l'utiliser, surtout si les membres les plus anciens modèlent l'utilisation pratique de cette micro-compétence de façon quotidienne. C'est ainsi que les avantages constructifs du sens de feed-forward deviennent collectifs.

Au sein d'une culture organisationnelle donnée, une telle habitude comportementale peut vraiment aider à implanter une véritable pratique relationnelle constructive, axée sur des solutions et des résultats, orientée vers l'action, tournée vers l'avenir, foncièrement proactive et responsable.

L'organisation concernée peut alors prétendre qu'elle a progressivement développé une véritable culture de type manager-coach.

V

LA CIRCULARITE

Il y de bonnes raisons pour chacun de se faire le promoteur de circularité[18] positive dans sa vie en général, et plus particulièrement dans ses relations personnelles et professionnelles, en famille, au sein de projets collectifs, d'entretiens à deux, de réunions de travail en équipe, etc.

L'énergie de circularité permet d'innover, de créer, de se libérer, de laisser s'exprimer ce que l'on a de plus original, de s'épanouir dans ce qui nous est le plus important. Mené à l'excès, elle peut aussi aliéner les autres parmi ceux qui ont besoin de prévisibilité, d'habitudes établies, de structures symétriques, de fiable et solide. Ceux qui pourraient ressentir un énorme inconfort face à l'incertain.

- Il faut savoir que la circularité, fluidité ou circulation d'énergie telle qu'elle est définie en approche système est une manière pratique et simple d'accroître la réactivité innovante, l'ouverture aux opportunités dans nos vies personnelles comme au sein des organisations contemporaines.

En style de manager ou leader, la circularité correspond surtout au type d'énergie déployé par des profils de développeurs et d'entrepreneurs. Dans le sens inclusif, ces derniers sont fondamentalement ouverts à l'environnement, aux opportunités, immédiatement prêts à passer à l'acte dans n'importe quel sens opportun, puis à changer leur fusil d'épaule lorsqu'il devient nécessaire d'avancer autrement.

---

[18] Attention, le mot concerne la notion de circulation, comme en circulation d'énergie, et pas au mouvement circulaire caractéristique du cercle.

De plus, la circularité est au cœur même de la de la révolution de l'information, de la culture digitale, de l'esprit des start-ups, de l'immédiateté presque trop rapide permise par le web, de l'esprit des jeunes du troisième millénaire qui sait si bien sauter du coq à l'âne.

- Le coaching en tant que profession est aussi né dans les années 1990, et hérite de beaucoup de cette même philosophie de fluidité, dans un mouvement presque perpétuel.

Pour ceux qui n'ont pas cette capacité d'agilité légère, elle peut s'apprendre. Ce chapitre vous propose de développer cette fluidité par une pratique quotidienne, au point d'en faire un réflexe applicable à chaque instant de votre vie personnelle et au sein de toutes vos activités professionnelles. Pour ce faire, nous vous proposons de la considérer comme une des micro-compétences essentielles surtout pour aider à faire bouger des environnements un peu trop prévisibles, un peu trop ancrés dans leurs habitudes.

- Comme pour les autres micro-compétences présentées tout au long de ce livre, la pratique régulière d'une grande agilité ou circulation d'énergie dans des instants courts peut avoir des répercussions sur des ensembles temporels bien plus larges, jusqu'à faciliter des transformations de carrière, voire de vies.

Appliquée au sein d'ensembles collectifs, au cours de réunions et d'entretiens, les effets mesurables de la mise en œuvre de circularité collective permettent d'accompagner des changements d'habitudes utiles, jusqu'à presque provoquer des mutations culturelles presque inespérées.

Une fois de plus, le principe systémique qui sous-tend la mise en œuvre de cette micro-compétence est aisément compréhensible. Lorsque l'on souhaite bénéficier de changements globaux, il est d'abord et surtout nécessaire de commencer par mettre en œuvre des actions locales, en soi et autour de soi.

D'après ce principe, cela ne sert pas à grand-chose de vouloir trop rapidement changer des grands ensembles. Il faut surtout commencer par des petites actions, des micro-changements, dans des ensembles très restreints, de proximité immédiate. La réussite de ce type de changements locaux se diffuse ensuite, par modèlisation, de façon presque virale.

La micro-compétence

L'énergie ne circule pas ou peu dans ce qui est trop programmé, dans le prévisible, le structuré, le certain, le canalisé, le contrôlé, le ritualisé. Par petites touches, insérez du mouvement, du nouveau, de l'incertitude. Faites-le partout et tout le temps.

Exemples personnels :

- A chaque fois que vous vous rendez au travail ou ailleurs, prenez un parcours différent. Alternez aussi les moyens de transports : taxi, voiture personnelle, UBER, métro, marche à pied, location de voiture, RER, train, etc.
- Choisissez à chaque fois une destination différente lorsque vous allez en vacances, au théâtre, au restaurant, au cinéma, faire vos courses, etc. Chassez les habitudes.
- Situez vos entretiens en face à face à chaque fois dans des lieux différents, dans un parc, dans une cafétéria, le bar d'en face, dans un restaurant, une bibliothèque, un banc public, en ligne ou même en marchant à un autre rendez-vous, etc. Faites de votre bureau un lieu passager, redondant.
- Chez vous, changez régulièrement de fauteuils, de votre côté du lit, de vos lieux de repas, modifiez l'agencement de votre mobilier (si bien nommé mobile).
- Si vous louez votre domicile, envisagez des déménagements, si vous êtes propriétaire, remodelez votre surface habitable, rendez-la plus modulable.
- Changez de style vestimentaire jusqu'à pouvoir apprécier plusieurs formes de déguisements et vous y sentir à l'aise, avec votre touche personnelle. Passez du look paysan au classique, du minimaliste au look hippie, touriste, dandy, vamp, confortable, sportif, etc.
- Visez un minimalisme léger. Détachez-vous ou allégez-vous de tout ce qui est matériel excessif. Si besoin est, vous pouvez louer une voiture, circuler en Vélib, lire des livres en ligne, adhérer à AirBNB, etc.
- Programmez des vacances déprogrammées. Pas ou peu de réservations fixes, plus question d'itinéraires bloqués, plus d'engagements prévus à l'avance. Laissez l'inattendu, l'émergent, l'improbable, la synchronicité improbable venir vous inspirer.
- Commandez les plats que vous ne connaissez pas, achetez des fruits et légumes inconnus, lisez des auteurs étrangers, étudiez des domaines peu familiers, lisez des essais historiques africains, des

romans policiers chinois. Ecoutez des airs improbables, des instruments de musique exotiques, du World Music qui sort de vos goûts habituels.
- Apprenez à vite trouver le meilleur dans tout ce que vous ne connaissez pas ou peu.

Quelques exemples en situation collective :
- Ne parlez pas plus que les autres. Il vaut mieux en dire moins, de façon stratégique que d'occuper l'espace.
- N'intervenez pas là où vous êtes attendu. Il est beaucoup plus intéressant de créer la surprise en questionnant une autre personne que votre premier choix.
- Modélisez : Quand vous parlez, adressez-vous à tous les invités autour d'une table, à tous les amis, à tous les membres d'une équipe, et pas seulement ou surtout pas, à la personne que vous souhaitez intéresser ou impliquer.
- Sur ce point, même lorsque vous écoutez, votre regard peut interpeller chacune des autres personnes présentes, pas seulement les personnes centrales ou actives.
- Si quelqu'un parle en tentant d'accrocher votre regard, regardez plutôt les autres personnes dans votre cercle.
- Lorsque vous vous exprimez, allez au fait avec des mots simples, l'énergie véritable fuse comme l'éclair. Les commentaires les meilleurs sont toujours les plus courts.
- Brûlez les langues de bois en demandant à quelqu'un d'autre une explication limpide de ce qui vient d'être dit.
- Faites des synthèses simples lors que vous entendez des propos formalisés, des expressions standardisées, des élocutions alambiquées.
- Expérimentez régulièrement de vous exprimer seulement lorsque l'on vous demande votre opinion, même si vous êtes en désaccord complet.
- Soyez précis, spécifique, direct ; si quelqu'un ne l'est pas, dites-lui, en le félicitant, qu'il a réussi à vous perdre, et demandez-lui de reformuler plus simplement.
- N'enrobez pas ce que vous avez à dire dans des propos ampoulés, vous seriez rapidement le seul à vous écouter.
- Refusez avec humour et paradoxe les introductions en disqualification personnelle : « Excusez-moi, mais si je peux dire quelque chose…» avec un « Pas question ! (souriant). » tout en attendant la suite.
- Chassez les généralisations abusives. Dites et provoquez le « je », « nous », untel, au détriment du « on ».

- Si vous n'avez pas compris quelque chose qui vous semble essentiel, demandez des éclaircissements. Lorsqu'il vous vient une question, posez-la. Si vous avez un besoin vital, exprimez-le. En général, vous n'êtes pas seul dans ce cas, et vous aussi, vous roulez pour tout le monde.
- Chassez les opinions maquillées en questions dirigées : « Je pense que, ou j'ai envie de... » convient mieux que « est-ce qu'on ne pourrait pas...? »
- Écourtez les longues explications contextuelles ou historiques, les anecdotes, les présentations théoriques pour illustrer un propos. Les longs développements brisent le flux d'énergie du dialogue qui se veut participatif.
- Ne vous arrêtez pas sur une plaisanterie mais gardez l'œil sur le fil de l'échange, et relancez le vrai débat si les plaisanteries et blagues s'enchaînent. L'humour peut être un ressourcement, un excellent lubrifiant, mais gare aux dérapages. Ne laissez pas les anecdotes vous faire perdre le fil de la conversation.
- Si vous vous ennuyez ou si vous ne savez plus où vous en êtes, dites-le. Il y a des chances que vous ne soyez pas la seule personne dans ce cas.
- Si personne ne bouge, soyez volontaire en « petite main ». Aidez quelqu'un à déplacer, tenir, chercher ou accrocher quelque chose. Aidez à débarrasser la table, à ranger la salle, etc.
- Si l'environnement collectif, la salle de réunion ou le bureau a l'air d'un dépotoir, demandez devant tout le monde, à une ou deux personnes de vous aider à remettre un peu d'ordre et restructurez les territoires qui s'installent.
- Ne soyez pas avachi, mais tenez-vous droit sur le bord de la chaise pour exprimer intérêt et énergie. L'énergie est réputée mieux circuler lorsque le dos et la colonne vertébrale sont bien droits.
- Ne montez pas au filet sur toutes les balles. Si quelqu'un vous contredit ou suggère ouvertement une idée différente de la vôtre, ne vous précipitez pas pour défendre votre point de vue. Attendez, ou demandez la réaction des autres membres de l'assistance.
- Dès que vous sentez qu'un entretien est structuré de façon trop contraignante, dites-le. Demandez ou proposez une façon plus libre d'avancer.
- Démarrez sur des sujets courts et faciles, des thèmes abordables par tous, afin d'enclencher de façon légère et dynamique. Il faut savoir « se mettre en jambes ».
- Ne vous justifiez pas, c'est souvent exaspérant, et toujours une perte de temps et d'énergie.

- Admettez que vous êtes trompé de façon régulière. Modélisez que c'est normal.
- Lorsqu'un débat compétitif s'instaure entre deux personnes, n'hésitez pas à intervenir, ouvrez la discussion aux autres en demandant l'opinion d'une tierce personne, et d'une autre, et d'une autre...puis donnez la vôtre.
- Dans une autre discussion qui s'enlise, annoncez de façon péremptoire que les protagonistes sont d'accord, mais ne l'ont pas encore compris. Comme au sein de vieux couples, ils sont au moins d'accord sur leur désaccord !
- Lorsque l'on dit du mal d'un absent, annoncez que vous êtes content d'être le là, pour empêcher d'être le sujet de la discussion.
- S'il vous vient plusieurs idées intéressantes sur un même sujet, faites un choix stratégique, ou ne les présentez pas toutes en même temps en monopolisant la parole. Exposez la première idée rapidement et gardez le reste pour plus tard, après que d'autres se soient exprimés.
- Si certains membres de l'assistance ont pris la mauvaise habitude de faire de longues harangues électorales. Dites-leur d'en venir au fait. Dans ce cas, adopter une position basse en jouant les débiles est particulièrement approprié. Du genre : « Je suis désolé, je suis perdu, est-ce que tu pourrais nous dire où tu veux en venir ? »
- Quand quelqu'un s'est installé sur le devant de la scène, invitez-le avec douceur à s'assoir et à se relaxer près de vous. Et inversement entamez un dialogue avec ceux qui se cachent dans le décor.
- Quand la discussion s'épuise ou tourne en rond, demandez l'opinion de quelqu'un qui s'est mis en retrait. Ceux qui s'ennuient ont souvent d'excellents commentaires sur ce qui se passe. Ils peuvent donner un tour neuf à la discussion.
- Quand les dialogues semblent réellement s'enliser, demandez une pause diplomatique et laissez la situation se débloquer hors de l'arène, derrière les scènes.
- A chaque fois que possible, évitez, les obstacles physiques entre les participants. Eliminez les tables et les nombreuses babioles qui encombrent l'espace, le grand pot de fleurs au milieu, etc. De nombreuses équipes, souvent des plus performantes, se réunissent avec un minimum de tables et de papiers. Sans projecteurs et autres matériels, supports identitaires sophistiqués, l'énergie circule bien mieux.
- N'organisez jamais deux réunions de suite dans le même lieu, avec la même configuration. Evitez toutes formes de routine. Créez la surprise et l'étonnement.

- Si ça tourne mal, n'hésitez pas à dire que vous avez autre chose à faire. Cela peut donner à l'ensemble l'idée qu'il n'y a pas de raisons de se laisser prendre en otage. En effet, un public qui part arrête souvent les mauvaises prestations.

Contre-indications

A la lecture de la liste ci-dessus, il vous sera utile d'être conscient de vos réactions, souvent à l'image de la surprise des autres. Surtout, ne tentez pas une des options ou stratégies proposées ci-dessus si vous n'êtes pas certain d'aboutir à un résultat pertinent et partagé. Là aussi la forme prime sur le fond. Mais créer la surprise, l'inattendu, quelquefois une gêne passagère est justement le propos des stratégies de circularité. En effet, il est impossible d'ouvrir la porte à l'innovation en restant ancré dans de la prévisibilité sociale.

- Le propos ici est plutôt d'offrir des axes de développement permettant de développer une créativité partagée au sein d'environnements qui souhaitent davantage de parité participative et performantes.

Au sein d'environnements conservateurs, au mieux vous serez toléré comme un original, et permettrez aussi à d'autres de tenter aussi de sortir des sentiers trop battus. Au pire vous serez ignoré ou exclu. Ce ne sont pas des milieux qui osent la confrontation. Mais attention, il ne s'agit pas de se servir de la micro-compétence de circularité sans objectif stratégique, pour simplement s'approprier le rôle du créatif ou de l'original de service.

A titre personnel et au sein de tout système, le prétexte de créativité et de liberté a déjà trop souvent servi à camoufler un manque de réel savoir-faire dans des dimensions structurantes, souvent très complémentaires. A ce titre, le rodage systématique des autres micro-compétences proposées au sein de ce livre sont fortement recommandées, à commencer par celles qui vous attirent le moins, surtout si elles vous font défaut.

Résistances

Bien entendu, de nombreuses options présentées dans la liste plus haut sont inhabituelles, certaines même opposées à la bienséance bourgeoise ou au politiquement correct. Par conséquent, elles peuvent bien souvent provoquer des résistances. Il s'agit de les manier avec soin, diplomatie et respect, avec douceur et en position basse, avec humilité, sans se mettre en avant. L'objectif n'est pas de se mettre tout le monde à dos, de devenir irrespectueux, de forcer la main. Il vaut mieux savoir développer cette micro-compétence en « petite main », avec une dose de gaité et de modestie.

- **Attention :** En terme d'énergie, sachez que la première loi de thermodynamique s'applique ici. Toute force exercée dans un sens provoque immédiatement une énergie équivalente dans le sens opposé. Ainsi rien ne se gagne ou ne se perd.

Cela vaut sûrement pour la qualité de l'énergie que vous déployez. Si vous manifestez du non-respect, vous en recevez en retour. Si vous avez peur, votre environnement réagira avec la même émotion. La tristesse aussi existe entre les personnes plus souvent qu'elle en habite une seule. Par conséquent la qualité d'énergie que vous déployez en pratiquant toutes vos micro-compétences a plus d'effet que la simple technique comportementale que vous mettez en œuvre. Tenez alors compte des réactions de votre environnement pour rapidement apprendre à vous ajuster en toute subtilité.

- Au sein de tout système, la fonction d'animateur ou créateur de fluidité ou de circularité est une fonction accélératrice, inclusive, créatrice, réactive sinon interactive.

Elle peut froisser des personnes ou systèmes qui privilégient le prévisible, le contrôlé, le structuré, l'exclusivité, la sûreté, les limites fermes, les procédures éprouvées, les habitudes et rituels patiemment acquis. Il ne s'agit pas ici de vous mettre en opposition ou en polarité contre l'autre, au risque d'être désigné comme étant le problème, ou de vous faire évincer. L'agilité de votre fonction de créateur de circularité consiste à agir de façon légère et mouvante, motivante et toujours imprévisible. Ne vous attachez à rien, et servez-vous bien de l'humour.

A la fin de vos rencontres, réunions, ou entretiens, demandez aux autres de vous donner leur perception de votre fonction d'animateur de fluidité. Lorsque la ou les premières personnes auront éventuellement contesté le bien-fondé de certaines de vos interventions, demandez l'avis des uns et des autres, et laissez un dialogue fluide s'installer. C'est ici encore le même rôle que celui qui facilite la circularité. Ne prenez rien à cœur, et posez éventuellement quelques questions qui permettront d'approfondir la discussion :

- Percevez-vous une différence dans cette réunion par rapport à nos rencontres habituelles ?
- Etions-nous plus libres que d'habitude ? D'ailleurs, sommes-nous un peu sortis de nos habitudes ?
- Avons-nous partagé ensemble plus que d'habitude ? Nous sommes-nous mieux rencontrés que d'habitude ?
- Trouvez-vous que notre réunion est plus courte, plus efficace, ou plus créative que d'habitude ?
- Qui veut expérimenter sa mise en œuvre lors de notre prochaine rencontre ? (Et vous le pouvez le briefer plus tard.)

Quoiqu'il arrive, répétez la pratique ce cette micro compétence pendant au moins un mois entier, au sein de tous vos entretiens en face-à-face ou par téléphone, de toutes les réunions auxquelles vous assistez, même les plus formelles ou informelles. Vous voulez simplement accumuler de l'expérience.

La circularité en équipe ou réseau

Pour créer de la circularité au sein d'une équipe, au cours de leurs réunions stratégiques à périodicité régulière, organisez-les successivement dans différents endroits. Suivant les cas organisez-les dans différentes salles de réunion, au sein de différentes unités, de différents départements, de différents étages et bâtiments. Prétextez des options déjà prises, des impossibilités de déplacement, des présences d'autres occupants.

- **Exemple :** Dans des équipes de direction d'organisations ne faites jamais vos réunions au siège ! Chaque cadre supérieur peut successivement accueillir le comité de direction dans son pays, dans sa région, dans son unité, au sein de son établissement ou département.

Cette sortie de la tour d'ivoire de l'équipe de direction, pour aller sur le terrain, a comme résultat immédiatement perceptible d'améliorer l'échange avec son environnement, la prise de conscience de leur rôle de service, la co-responsabilité opérationnelle des membres de l'équipe quant au co-management de l'ensemble plus large.

Cela change aussi la présence perçue de l'équipe dirigeante au cœur de l'entreprise. Symboliquement, le simple fait de voir l'équipe de direction se déplacer et circuler au sein de l'organisation peut avoir un effet mobilisateur puissant. Cela permet d'ouvrir de nouveaux canaux de communication informels en développant une bien meilleure image de disponibilité au personnel sur le terrain.

Afin de renforcer les échanges entre sous-systèmes, nous constatons également que la présence d'une équipe de direction sur différents lieux d'accueil inhabituels est l'occasion d'attentions particulières sur le lieu d'accueil.

Exemples :
- Considérez une visite de l'établissement, une vérification ou une évaluation des performances de l'unité locale, un contact avec tous les échelons de l'organisation de type « agora », « town-hall meetings » ou opérations « portes ouvertes ».
- Envisagez des rencontres de notables politiques, de fournisseurs et de clients importants dans la région d'accueil.
- Envisagez le lancement d'un nouveau produit ou projet, une célébration de réussites locales, un bench-marking d'innovations spécifiques.

L'objectif de ce type d'organisation de réunion en mode distribué est que la présence des leaders développe au niveau local un sentiment d'identité partagé, de reconnaissance, d'appartenance, une plus grande motivation, tous facteurs importants de meilleurs résultats.

La circularité en Réunions

Par ailleurs, invitez les participants à toute réunion régulière, quelle qu'en soit la fréquence mensuelle ou hebdomadaire, à changer de rôle fonctionnel de façon tournante. Par "rôles", nous entendons l'accomplissement des fonctions déléguées ce ceux qui cadencent, poussent les décision, proposent des feed-forwards ou animent ne soient jamais les mêmes.

Le cas échéant, il est possible d'y ajouter le rôle « d'hôte d'accueil » qui assure en quelque sorte le "génie civil" de l'organisation des événements développés autour et à l'occasion des réunions. Avec cette méthode, les interfaces entre les différents acteurs seront modifiées à chaque réunion. La routine est tuée dans l'œuf, les habitudes sont brisées avant d'apparaître, le rituel est régulièrement bouleversé et chacun est constamment tenu en éveil.

Avec le recul sur des décades d'expériences d'augmentation de circularité d'équipes en réunion, nous avons constaté que la plupart amélioraient considérablement leur agilité opérationnelle, leur créativité, leur niveau de co-responsabilité individuelle, leur collaboration paritaire, et leur efficacité dans la résolution de problèmes. Sans parler de leur atteinte de meilleurs résultats.

Un des effets les plus remarquables est de redistribuer l'énergie traditionnellement centrée sur le "patron" vers de meilleures relations latérales entre les autres membres de l'équipe. Lorsqu'un tel changement intervient au niveau de l'équipe dirigeante, il a généralement un effet considérable sur l'ensemble de l'organisation subalterne.

- **Exemple :** Une autre suggestion, afin de faciliter le développement de la circularité, consiste à jouer avec les éléments physiques du lieu de réunion: sa topographie, son ameublement, sa disposition.

Il est frappant de constater que dans un grand nombre d'entreprises, le comité de direction suit un rituel quasi liturgique. Les mêmes personnes s'asseyent à chaque fois aux mêmes places, dans une pièce immuablement agencée de la même façon. Ils y exécutent immanquablement les mêmes gestes, y tiennent les mêmes rôles, intervenant chacun à sa manière habituelle et s'adressant dans le même ordre aux mêmes interlocuteurs préférentiels.

On retrouve bien ici la rigidité ritualisée de la tradition mécaniste. Dans un tel contexte, quel que soit le contenu spécifique de l'ordre du jour, lui-même souvent étonnamment identique d'une séance à l'autre, tout semble absolument prévisible. Et dans cet état de choses, chacun se demande ensuite et en toute ingénuité pourquoi il est si difficile d'introduire le changement opérationnel ou d'organisation le plus mineur.

- **Exemples :** Pratiquer la circularité dans de telles conditions, c'est introduire du mouvement imprévisible.

À chaque réunion la disposition de a salle peut être modifiée : avec ou sans table, en cercle, en "U", en amphithéâtre tous centrés sur un même point focal, voire encore plus aventureux, dans plusieurs salles, en sous-groupes de nombre et de tailles variables dans des dispositions là aussi diverses et variées, autour d'une table ronde, avec seulement un paperboard ou rien.

Dès que l'on prête une attention soutenue à ce genre de "détails", on est vite fasciné par l'extraordinaire pouvoir libérateur d'énergie et de créativité apportée par telle ou telle disposition répondant à telle ou telle situation spécifique.

- L'amphithéâtre facilite la focalisation de l'attention sur un seul point ; s'il est propice à la transmission d'information d'un à tous, il est manifestement inadéquat lorsqu'il est question d'échanger des points de vue créatifs entre les participants. L'amphithéâtre sépare et rend l'assistance passive.

La table concentre l'attention sur les notes, pas sur la participation. Le grand groupe centralise, les sous-groupes permettent plus de pluriel, différencient, multiplient. Qu'il soit question de réfléchir ensemble, d'informer ou de s'informer, de discuter, de résoudre un problème ou d'élaborer un projet, il y a toujours une ou plusieurs dispositions plus favorables et d'autres moins efficaces. En fait, chaque point de l'ordre du jour peut et devrait donner lieu à une forme d'architecture différente de réunion et de salle.

- **Attention :** Ici aussi, il convient de veiller à ce que les mêmes personnes ne se retrouvent pas systématiquement côte à côte, créant ainsi subrepticement des clans et coalitions. Evitez aussi le face à face trop régulier, qui créé des axes d'opposition ou de contradiction.

Il est enfin particulièrement important pour le leader d'être présent symboliquement partout. Il gagne à circuler de place en place, de réunions en réunions, parfois à être absent. S'il y en a un, le coach d'équipe aussi peut participer à assurer le mouvement, à brasser les échanges, à touiller la fluidité.

Ce qui est vrai pour la disposition topographique l'est tout autant pour la structuration du temps. Rigueur n'est pas rigidité. S'il est essentiel que le calendrier des réunions soit précisément fixé longtemps à l'avance, cela n'implique nullement qu'il se reproduise à l'identique, que les réunions aient toujours lieu le même jour, suivant le même horaire, avec la même organisation du temps ou "ordre du jour". Si celui-ci est l'ordre de tous les jours, il y a tout lieu de penser, là encore, que la routine s'est emparée de l'organisation.

- **Exemple :** en fonction des besoins et des circonstances, les réunions peuvent et doivent commencer ou finir avec une activité "conviviale", déjeuner, dîner, sortie ; leur durée peut changer, la nature et le rythme des pauses mérite attention et créativité, tout comme le temps accordé à chaque activité plus formelle.

L'objectif, n'est pas d'introduire la variété pour la variété, mais de favoriser la circulation d'énergie, la créativité pratique ou l'imprévu utile afin de faire place à l'émergent.

La mise en place de ces formes très simples de circularité dans le cadre des réunions fait des merveilles lorsqu'il est question de modifier graduellement et sans effort la culture d'une organisation. A toute équipe prête à tenter l'expérience, elle ouvre les portes de l'adaptabilité, de son agilité et du changement qui peut y faire surface. La circularité en réunion a non seulement un effet sur le système global, mais encore sur chacun de ses membres individuellement. Elle participe à les rendre plus présent, plus incarnés, et plus en contact avec ses pairs, les autres départements et services, les autres divisions, les autres acteurs de l'organisation.

D'une manière générale et indirecte, l'un des principaux intérêts à développer plus de circularité dans une équipe est que celle-ci favorise le passage :

- d'une attention individuelle à une présence collective,
- de stratégies et de modes de fonctionnement centrés sur la séparation et la territorialité, à des échanges plus inclusifs,
- de la routine à des dispositifs générateurs de créativité et
- de l'esprit de silo à une meilleure conscience des phénomènes collectifs et de leurs conséquences sur les résultats de l'entreprise.

Nous sommes profondément convaincus que la création de circularité est fondamentale lorsqu'il s'agit d'assurer le succès et la croissance d'une équipe de direction et de son entreprise au sein d'un environnement en constante évolution.

La place du leader

A deux ou au cours de réunions collectives, tout type de polarité peut tuer la circularité. Cela se manifeste à la fois dans l'équipe : entre ses membres et avec le leader. Naturellement, tout leader peut soit suivre ses propres habitudes soit être aspiré dans des processus d'équipe et finir par participer à des processus ritualisés, peu créatives :

- Il peut occuper la tribune et dispenser la bonne parole à un auditoire bouche bée (« polarité institutionnelle ») ;
- Il peut se mettre en position centrale, en tant qu'expert, ou en sujet supposé tout savoir, mis en valeur pour et par ses interventions brillantes auprès de tel ou tel participant, ou bien controversé par l'un ou l'autre, mais en ayant souvent le dernier mot (polarité entre technocrates) ;
- Il peut être pris au piège de joutes verbales d'un ou d'une paire de partenaires privilégiés, en mal de reconnaissance (polarité relationnelle).
- Dans d'autres cas enfin, le leader et la réunion peuvent se retrouver embourbés au sein d'un processus circulatoire plus créatif, mais bien trop chaotique.

L'effet viral ou holographique de n'importe type de processus de réunion renforce les autres patterns en cours au sein de l'équipe et de l'organisation hors réunion. Ceci alors qu'il serait évidemment plus fructueux pour tous d'aider le leader et l'équipe à étendre leurs compétences de communication dans le sens d'une meilleure circularité réellement inclusive au niveau collectif.

Si vous êtes leader, votre rôle est précisément d'incarner les micro-compétences de communication qui permettent d'installer plus de circularité positive au sein de votre équipe. L'objectif est alors, quelque soit le contenu, de concrètement pratiquer un modèle de circularité, le plus souvent possible. Si vous n'êtes pas le leader de l'équipe mais un membre paritaire, vous pouvez faire de même et aider le leader à évoluer.

Bien entendu, cette pratique de manager est difficile à mettre en œuvre dans une équipe qui ne fait que déployer des modes interactifs politiques bien installés. Il faudra de la ténacité. Il sera aussi utile de soutenir vos alliés, c'est à dire ceux qui évitent les jeux de pouvoir stériles et ajoutent aussi de la circularité plus fluide, centrées sur les résultats.

Sachez que la pratique de relations de polarité et de chaos stérile dans un système permet à une équipe de travailler dans un confort relatif, avec bien moins de responsabilités individuelles et collectives. Il y a aussi quelques erreurs à éviter :

- En accord avec la liste de techniques et stratégies développée plus haut, il est évident que leader doit éviter de se retrouver sur le podium, devant le tableau conférencier, devant le groupe, à manier le rétroprojecteur, ou à avoir toute autre activité trop monopolisante.

- Il peut expérimenter la position de leadership en se plaçant au sein du groupe. Cela consiste à participer à la fluidité du travail en équipe de l'intérieur, comme le ferait n'importe lequel de ses autres membres.

Ces tactiques sont particulièrement importantes au sein d'équipes rebelles ou avec des participants contradicteurs.

.

- **Attention :** Lorsque le leader se place au sein de son équipe, les places à ses côtés sont à surveiller. Les possibilités de coalitions avec le leader par le biais d'apartés et autres comportements préférentiels et d'exclusion peuvent révéler les stratégies personnelles de certains membres d'équipe en mal d'attentions particulières.

Dans sa forme, l'objectif de toutes les réunions, de tous les entretiens, de tous les projets est la participation active de tous les acteurs en présence. Elles ne doivent faciliter ni la mise en valeur du leader, ni un duel entre ténors ou au finish qui ne profite en fin de compte à personne. Elles doivent permettre une forme interactive à haute fluidité ou circularité centrée sur l'obtention de résultats performants.

Pour changer le cours de la discussion, la recadrer et lui faire prendre un tour neuf, le leader, comme n'importe quel autre participant, peut apprendre à encourager les membres silencieux à s'exprimer. Ceci surtout à chaque fois que les anciens ou les barons occuperont trop longtemps le devant de la scène. Afin d'accomplir ce but, toutes les autres micro-compétences présentées ci-dessus seront appropriées.

A terme, les micro-compétences créatrices de circularité peuvent être tenues de façon consistante tout au long des diverses réunions. Ceci à la fois par le leader et par les membres influents. La finalité est d'amener l'équipe à percevoir le leader comme tout autre membre du groupe, une personne qui apporte occasionnellement son point de vue personnel ou sa décision, de manière précise, opportune et stratégique.

Effets à court terme

Au fil de vos expérimentations en création de circularité, vous observerez un certain nombre de résultats immédiats. Dans l'ensemble, vos entretiens et réunions deviendront probablement bien plus ouverts, créatifs, participatifs, dynamiques, etc. Bien entendu, ils perdront sans doute en structure, en linéarité, en prévisibilité. Ils seront moins ritualisés.

- Sachez que la fonction de création ou d'accélération de la fluidité dans la vie, en entretien ou en réunion est généralement assimilée au rôle de faciliteur ou d'animateur.

Cela est particulièrement vrai si le faciliteur en question n'est pas trop impliqué dans le contenu de la réunion. Il se centre sur le management de sa forme énergétique ou de la fluidité des interfaces. Dans ce cas, veillez à le soutenir dans sa fonction de création de circularité, plutôt qu'à vous positionner en compétition.

Au fil de vos premières expérimentations au sein de différents contextes personnels et professionnels, remarquez les différences, et les similitudes. Remarquez par exemple ce que chacun de vos partenaires peut apporter de différent dans sa contribution et dans ses réactions. Remarquez comment il apprend à prendre ou à laisser de la place aux autres.

Lorsque vous répétez votre fonction de faciliteur de fluidité dans les mêmes lieux ou avec les mêmes personnes, remarquez ce qui semble se répéter, les formes qui se reproduisent. Lorsque vous accumulez votre expérience, remarquez aussi ce que vous avez tendance à reproduire régulièrement, et comment vous pourriez évoluer en fonction des contextes différents auxquels vous participez.

Puis cherchez encore d'autres lieux d'application au sein d'actions et de projets individuels et collectifs à court, moyen et long terme. Définissez et faites le bilan personnel des innovations expérimentées en famille, avec des amis, lors de voyages collectifs, dans la gestion de projets partagés, dans le management d'équipes, de réseaux, de transitions, etc.

La conscience systémique

Il est observable qu'au sein d'un système formel, par exemple une famille ou une organisation, chaque élément du système, par exemple toutes les équipes, voire toutes les personnes portent des processus relativement similaires. Ces processus sont souvent appris par adaptation et par mimétisme au cours de l'histoire du système et au fur et à mesure de l'arrivée de chacun.

Par conséquent, tout système a développé ses habitudes. Celles-ci sont souvent utiles, en tout cas pendant un temps. A terme, elles sont tellement inscrites dans la normalité qu'elles deviennent transparentes à la conscience des membres du système. Ces derniers ne sont même plus au fait de ce qu'ils font, ni qu'un autre comportement pourrait être possible, quelquefois bien plus pertinent ou utile.

Et s'il s'agit d'une très grande organisation, voire d'un pays, cela se produit à tous les niveaux du système. Il en résulte que personne n'envisage de changer et personne ne bouge sans avoir d'abord solidement assuré ses arrières ou sa sécurité personnelle. Les résultats du système risquent alors de devenir presque figés par des habitudes interactives, des processus de communication et d'actions devenus inadaptés.

- Il est relativement difficile de changer cet ensemble cohérent par des effets d'annonce visant à transformer le tout d'un seul coup, souvent pour aboutir à rien. Le risque est de provoquer déception, colère, grève, révolution.

Il est bien plus judicieux d'agir localement, c'est à dire par des petits changements provoqués par des micro-compétences au sein d'ensembles réduits. Cela concerne bien entendu chaque personne et chaque partenariat, chaque équipe et chaque réseau. C'est là que la mise en œuvre de micro-compétences telles que la fonction de faciliter la fluidité commence à jouer un rôle central.

Pour parvenir à ce résultat, il vous faut commencer tout de suite partout dans votre vie, lors de votre prochain entretien, votre prochain repas en famille, votre prochaine rencontre ou réunion, et puis continuer à pratiquer au sein de toutes vos micro-séquences interactives. Ceci pendant au moins deux mois.

VI

DELEGUER EN POSITION BASSE

Lorsqu'ils qu'ils envisagent d'entamer une relation d'aide ou de soutien avec des professionnels tels des consultants, des formateurs, des experts, des thérapeutes, des médecins ou des coachs, les prospects ou clients potentiels sont généralement en demande, et se sentent vulnérables. Plus précisément dans le domaine du coaching, la motivation principale, apparente ou sous-jacente de nombreuses demandes d'accompagnement est souvent de sortir d'une impasse, de dépasser un mal-être, de réussir une transition importante mais incertaine, etc.

- Ce n'est souvent pas facile pour les clients d'admettre qu'ils sont dans une impasse, ont besoin de changer de perspectives ou pourraient profiter d'un accompagnement.

Bien sûr, de nombreux clients appellent des coachs afin d'être accompagnés dans la gestion de projets beaucoup plus légers, à court terme ou pour accomplir des résultats juste un peu plus difficiles que ceux qu'ils atteignent habituellement. A travers ce type de motivation très pragmatique, ces clients font souvent aussi face à des limites personnelles et professionnelles des difficultés plus émotionnelles ou sociales. Par conséquent, ils se sentent souvent vulnérables.

Parmi les clients, figurent aussi ceux qui entrent dans une relation de coaching en annonçant d'abord des objectifs opérationnels relativement superficiels, puis lorsque leur travail progresse, ils prennent conscience de désirs plus profonds ou d'enjeux plus conséquents. Ils trouvent alors le courage d'affronter des défis beaucoup plus importants que ne laissait supposer leur demande initiale.

Par conséquent, si les premières préoccupations et demandes de nombreux clients peuvent être quelquefois perçues comme simplement pratiques ou opérationnelles, autant de clients viennent au coaching pour répondre à des quêtes personnelles et professionnelles autrement plus profondes, et à des nécessités existentielles plus absolues. Dans cet esprit, nous pourrions envisager deux catégories générales dans la motivation de clients en coaching.

- A chaque fois que des prospects peuvent poser leurs objectifs de façon claire, concrète et opérationnelle, ils savent précisément à qui s'adresser.

Ceux-là sont généralement capables de choisir un expert ou un spécialiste dans le domaine où ils situent leurs enjeux. Ce faisant, ces clients cherchent à acquérir des moyens pratiques et appropriés pour atteindre leurs objectifs ou résoudre des problèmes ou atteindre des objectifs clairement définis.

- A chaque fois que des clients potentiels ressentent des aspirations pas aussi clairement définies, s'ils temporisent, si leurs objectifs sont plus incertains ou plus complexes, si leurs buts évoluent au fil du temps ou s'ils restent en suspens après plusieurs tentatives infructueuses, ces prospects feront probablement plutôt appel à un coach.

Ces types de motivations de clients ne sont pas les seules qui différencient ceux qui préfèrent faire appel à des experts spécialistes en solutions et ceux qui préfèrent choisir un coach. Cependant, elles peuvent éclairer le fait que si de nombreux clients en coaching semblent être clairs et décidés quant à leurs motivations et objectifs initiaux, ils font peut-être plus tacitement appel à des coachs afin d'initier des quêtes personnelles ou professionnelles plus profondes.

- **Attention** : Certains coachs font souvent référence aux besoins ou demandes *cachées* de leurs clients. Il serait plus respectueux d'exprimer l'existence de besoins ou d'enjeux constamment émergents. En effet, rien n'est jamais totalement transparent dès le départ et jusqu'à l'arrivée d'un parcours de développement.

Quelles que soient leurs motivations apparentes, les prospects en coaching peuvent tous éprouver des sentiments plus ou moins intenses d'incompétence ou de vulnérabilité. Quelquefois, ils admettent clairement ne pas savoir, savoir faire ou savoir être. Quelquefois, ils souhaitent bénéficier de l'appui d'un partenaire qui aurait du répondant. Quelquefois encore, compte tenu des ressources disponibles ou de leur environnement restrictif, ils ressentent un manque de clarté opérationnelle permettant d'atteindre leurs objectifs. Et les autres cas particuliers sont pléthore. C'est au coach de s'adapter à chaque fois.

- Plus profondément cependant, au fur et à mesure que la relation de coaching se construit, les clients admettent souvent ne pas avoir le temps, ou le courage, ou les compétences, ou la motivation, ou la résilience, ou le soutien de leur environnement, etc. pour réaliser leurs aspirations, ou pour répondre aux attentes des autres.
- Plus important encore, de nombreux prospects en coaching font face à des transitions de vie plus intimes qui comprennent des combinaisons détonantes d'enjeux de santé, de transformations personnelles, de crises professionnelles et de questionnements existentiels.

Par conséquent, peu importe l'importance apparente allouée à leurs objectifs initiaux ou la véritable motivation, bien plus profonde, qui sera avouée ou découverte par la suite. Les prospects en coaching démarrent réellement leur processus d'accompagnement lorsqu'ils admettent une insuffisance personnelle ou des sentiments de vulnérabilité plus profonds.

- **Attention :** Quand les prospects ou les clients se sentent vulnérables, ils tendent malheureusement à supprimer ou à disqualifier leur capacité intrinsèque à résoudre leurs propres problèmes, à accomplir leurs ambitions.

En admettant leurs sentiments d'incompétence ou de vulnérabilité, ils perdent de vue leur propre potentiel intrinsèque, leur puissance personnelle et capacité à progresser par eux-mêmes. C'est dans ce contexte qu'ils font appel à autrui ou à un coach, croyant fermement que l'autre aura la force et les moyens de les aider.

- De cette façon, les prospects et clients *projettent* leur propre puissance de guérison et d'évolution vers l'extérieur, sur les autres ou sur leurs coachs. Ensuite, ils perçoivent chez ces personnes la *projection* de leur propre capacité interne de croissance.

Relations complémentaires

Selon l'intensité des sentiments d'incompétence et de vulnérabilité ressentie par le client et selon la façon dont il l'exprime, sa posture initiale peut être définie de nombreuses façons. Elle pourrait être décrite comme une position basse, une posture d'impuissante, une attitude de perdant, un rôle de victime, une stratégie de délégation, etc. Mais ce n'est pas l'objet de cet article de se lancer dans des définitions subjectives ou des justifications logiques pour expliquer la posture initiale des clients en coaching.

- **Attention :** Toute personne qui assume une posture de vulnérabilité en début de relation formule une invitation tacite. Elle suggère au partenaire d'assumer un rôle complémentaire, plus actif et plus puissant.

La position positive complémentaire à celle d'une personne initiant un parcours de développement personnel ou professionnel pourrait être nommé un challenger, un leader, un expert, un professeur, un mentor, un thérapeute, un maître, un coach, etc. En moins positif, la même polarité peut être décrite de façon très différente : une victime cherchera l'appui d'un sauveteur, un perdant suivra un gagnant, un impuissant cherchera à se faire prendre en charge, un adepte vénèrera un gourou, etc. Toutes ces relations complémentaires plus ou moins verticales sont assez communes et peuvent être à la fois socialement acceptables et relativement politiquement correctes.

- **Attention :** Des nombreux prospects en coaching subissent des prescriptions initiées par leur entreprise, dans un contexte de responsabilité personnelle défini par une coalition au sein de leur entourage.

Quelquefois, le patron, le RH et l'environnement de prospects leur prescrit des tests tels que des 360° ou autres inventaires MBTA, puis font en sorte de clairement les viser ou les juger. Cette pression hiérarchique et sociale ajoutera sûrement du poids à leurs sentiments d'incompétence ou de vulnérabilité.

Ce type de contexte est à l'origine de nombreuses relations dans les métiers de relation d'aide voire les métiers de service. Par conséquent, d'une part, les prospects et clients reconnaissent leurs besoins, leurs défauts, leurs insuffisances, incompétences et vulnérabilités, et d'autre part, ils s'attendent à ce que leurs conseillers, leurs médecins, leurs aides sociales, leurs avocats... ou leurs coachs sauront comprendre, pourront aider, seront compréhensifs et feront preuve de leurs compétences, etc.

- **Attention :** Presque systématiquement, les prospects ou clients invitent naturellement leurs coachs à adopter la position relationnelle complémentaire, la position haute.

Socialement parlant en effet, le coach est généralement perçu comme faisant partie de ceux qui peuvent, qui seront ouverts, accueillants, solidaires et compréhensif ou exigeants, et pourquoi pas, de ceux qui savent. Par conséquent et pour le prospect habituel, un coach est d'abord celui qui dispose de capacités intrinsèques, d'énergie et de puissance, qui peut soutenir et valider, qui sera en mesure de motiver, qui peut aider à trouver des solutions stratégiques, etc. Cette perception du coach permet souvent aux prospects d'entrer dans la relation de coaching en relative sécurité, avec le sentiment qu'elle sera utile voire productive.

- **Attention :** Un coach très attentionné et protecteur, ou présentant des qualités de douceur et de patience excessives sera également perçu en position haute.

Parent positif, il invitera aussi ses clients à adopter une posture complémentaire, dans le besoin. D'où la régularité de cette expression concernant les « besoins » du client dans certains milieux de coachs. Les clients dans le besoin et perçus comme tel pourraient facilement y perdre leur exigence et ambitions personnels afin de bénéficier d'un confort plutôt sécurisant et maternant. Ce type de relation symbiotique pourrait alors leur servir à compenser la pression environnementale, à temporiser, à excuser les éventuelles lacunes du client. Le coach aussi pourrait se complaire dans une position complémentaire, relativement plus haute.

- N'oublions pas les clients excessivement admiratifs, qui les yeux écarquillés et bouches ouvertes trouvent en leurs coachs un génial gourou entre aussi dans une relation tout aussi complémentaire.

Ces derniers coachs offrent aussi l'image illusoire d'un être plein de lumière, bien accompli, idéalisé, voire déifié.

- **Attention :** Inutile de dire que tous ces exemples de relations en polarité verticale n'ont vraiment pas leur place dans une relation de coaching paritaire.

Ces coachs lancent ainsi des invitations symbiotiques, essentiellement créatrices de dépendances relationnelles. Rappelons que le coaching est défini comme une relation entre pairs au sein de laquelle les clients gardent le pouvoir de définir leurs propres trajectoires, de trouver leurs propres réponses.

- **Attention :** Donc, plus subtilement, le coaching ne doit pas être un métier qui repose sur une attitude, un comportement ou une relation de supériorité, serait-elle très subtile. En aucun cas, le coach ne devrait adopter une posture reposant sur des connaissances étendues, un soutien condescendant, une sagesse profonde ou une expérience de vie supérieure à celle du client.

En réalité, les coachs sont des personnes normales qui ont aussi leur lot de problèmes et de défis. Dans la relation avec un coach, il est souvent répété que le client doit être perçu comme celui qui peut et qui sait. Le client est la seule personne qui a accès à la puissance et aux moyens d'atteindre ses propres objectifs et de résoudre ses propres problèmes. Notoirement, la posture du coach professionnel stipule qu'il ne peut pas être responsable pour le client, qui ne sait pas plus que le client et qui ne peut rien savoir ni faire à la place du client.

La concurrence symétrique

Par conséquent, dès le début d'une relation de coaching, à chaque fois que les clients initient la relation en adoptant une position basse, s'attendant à de l'aide ou du soutien, comment un coach peut-il répondre avec pertinence ?

- **A)** Certains coachs répondent plus ou moins subtilement aux clients qu'ils ne savent pas non plus.

Ce type de réponse de la part d'un coach peut souvent être perçue comme une posture symétrique ou compétitive. Dans ces cas le coach et le client finissent par tous deux manœuvrer afin d'occuper la position basse, et que le meilleur gagne ! D'une part le client ne sait pas faire et vient consulter un coach, d'autre part, pour ne pas prendre la responsabilité du client, le coach répond en symétrie parfaite qu'il n'a pas plus d'options à proposer. C'est un type de bourbier essentiellement compétitif dans lequel de nombreuses relations coachs - clients peuvent involontairement s'enfoncer.

Si en effet les coachs et leurs clients se positionnent en miroir les uns des autres, en compétition pour la position basse, que peut-on espérer comme résultat de relation ? Elle pourrait rapidement se trouver dans une impasse et devenir improductive.

- **B)** Certains coachs choisissent plutôt de bien expliquer à leurs clients ce que doit être la relation de coaching : Ils expliquent patiemment que le coaching repose sur une dynamique de client autonome. Il est éminemment responsable de chercher et trouver sa propre voie pour atteindre ses propres résultats.

Bien que cette information soit véridique, elle est néanmoins fournie à partir d'une position haute ou de savoir. Sans le vouloir, ce type d'explication venant du coach peut renforcer des sentiments d'incompétence des clients. En tentant d'informer ou d'enseigner, les coachs qui offrent des explications circonstanciées sur leur métier incarnent la position de celui qui sait. En effet, le coach dit au client que manifestement, il doit apprendre ce qu'est la relation de coaching. Il est donc incompétent s'il attend quelque chose de la part du coach.

Dans d'autres situations, les prospects en coaching contestent les compétences de coachs en adoptant une position haute, impatiente ou colérique, autoritaire, parfois agressive : « Voulez-vous dire que les coachs n'offrent pas d'options ? Pourquoi les payer s'ils ne peuvent pas offrir d'aide ou de solutions concrètes? » Ce type de propos pourrait illustrer une position haute, arrogante ou condescendante, visant à pousser les coachs à sortir de leur propre posture de professeur quelque peu disqualifiant.

- **Attention :** Dans de nombreux contextes professionnels et culturels ni les prospects ni les clients en coaching peuvent vouloir ouvertement admettre leurs incertitudes et vulnérabilités personnelles.

En effet, lorsque ces sentiments de clients sont ouvertement partagés, ils pourraient être interprétés comme des indicateurs d'impuissance ou de faiblesse. Dans certains environnements cela pourrait devenir dangereux.

Dans les contextes où le prospect adopte d'office une position haute de disqualification, de nombreux coachs ont des difficultés à répondre de façon appropriée. Lorsqu'en plus, ce type de communication se déroule en public avec témoins, ces coachs peuvent facilement se sentir disqualifiés, attaqués, ou incompétents.

- **C)** Par conséquent, lorsque que les prospects affichent une position haute à partir de leur capacité d'affirmation, les coachs peuvent aussi réagir de façon symétrique. C'est là qu'ils choisissent de patiemment expliquer que la relation de coaching repose sur les clients assumant leur propre responsabilité de résoudre leurs propres problèmes pour atteindre leurs propres objectifs.

Ce faisant, ces coachs qui enseignent font la démonstration de leur savoir sur le coaching. De façon pas très subtile, ils révèlent le manque de connaissances de leurs prospects en matière de coaching, et leur disent comment ils devraient se comporter. Le message pourrait être interprété comme un jugement ou une mise au pas, que le prospect ne peut accepter sans se disqualifier.

- **Attention :** Les explications données par le coach pourraient être perçues comme provenant d'une position de concurrence, ou une posture symétrique à celle du client perçu comme difficile.

Il s'agit là d'une deuxième forme de réponse compétitive où le coach et le client sont en compétition pour assumer la position haute, chacun essayant de prouver qu'ils en savent plus que l'autre. Cela conduira également à un type de bourbier fait d'argumentation dans lequel de nombreuses relations coach - prospect se trouvent rapidement et involontairement bloquées.

- **Attention :** A chaque fois que le coach et le client sont dans des positions relationnelles symétriques, soit les deux en compétition pour la place du faible qui ne sait pas - la position basse - soit les deux en compétition pour une posture de connaissance – la position haute - la relation conduira très probablement à une impasse improductive.

Pour rappel en coaching, la posture espérée et appropriée pour les clients, est qu'ils assument leur propre capacité de penser, de manifester leurs émotions, de suivre leurs intuitions, d'assumer leurs comportements etc. En coaching, c'est la manière la plus utile pour les clients qui veulent résoudre leurs propres problèmes et atteindre leurs propres ambitions.

Au début d'une relation de coaching, le meilleur moyen pour les coachs de permettre aux clients d'incarner cette posture de puissance et de responsabilité, ou de leur propre capacité à réaliser leurs ambitions, c'est de laisser ce rôle actif et orienté solution totalement disponible, pour que leurs clients puissent l'adopter.

- **Attention :** Si les coachs adoptent une posture de puissance ou s'ils font état de leurs connaissances, les clients peuvent immédiatement saisir la position complémentaire, basse et de non-savoir. Ils deviennent alors élèves ou apprentis. Dans une perspective de coaching, cette relation serait considérée comme bien moins productive.

Par conséquent, la meilleure posture initiale pour un coach, dès les premières minutes d'une relation avec un prospect, est une présence attentive et disponible, modeste et discrète, réservée et respectueuse.

La modération et la simplicité du coach, saupoudrée de remarques de soutien préparent bien le terrain de leur relation future. Cela permettra aux clients de se développer ou se déployer dans tous les espaces laissés libres, afin de pleinement assumer le rôle le plus actif au sein du partenariat de coaching.

Partout apprendre la position basse

De toute évidence au sein les cultures occidentales, il est rare d'enseigner l'art de la position basse faite de modestie et d'humilité. Il est beaucoup plus courant de former à l'assertivité, au leadership, à la compétition, au contrôle, à la loi du plus fort, etc. De fait, la compétition pour tenir position haute ou dominante est relativement habituelle pour les managers, experts et partenaires au sein de nombreuses relations professionnelles voire personnelles.

En conséquence, une des difficultés majeures pour les coachs débutants consiste à réellement comprendre et assumer le fait qu'ils n'en savent pas plus que le client et qu'ils n'ont rien à expliquer, à suggérer ou à diriger pour influencer ce dernier. C'est une véritable révolution de cadre de référence.

Dans ce contexte, il serait bien utile pour les coachs comme pour tous les autres professionnels en position de contrôle d'apprendre à vivre de façon tout aussi naturelle la compétence réellement complémentaire : la position basse. Elle est faite de respect de l'autre, de son espace, de sa façon d'être et de faire. Cela ne serait pas seulement utile pour les coachs mais aussi pour les managers, leaders, vendeurs, parents, etc. De toute évidence, dans une dimension bien plus large sinon globale, une telle attitude de respect dans l'interaction avec l'autre au sens large du terme permettrait bien plus de développement durable.

- Toutefois, afin de charger au niveau global, chacun doit œuvrer à son niveau local. Vouloir développer une nouvelle compétence active, demande de la méthode au niveau personnel et quotidien.

Considérez, par exemple, la décision de pratiquer le type de phrases d'introduction suivantes au moins vingt fois par jour, au sein de tous vos entretiens, dialogues, conversations, au début de chacun de vos commentaires, de vos questions, de vos présentations, etc.

Exemples :
- Ce n'est peut être pas le bon moment pour nous, mais puis-je vous interrompre ?
- Je ne suis pas sûr que mon option sera utile, mais puis-je la partager ?
- J'ai une idée qui pourrait aider, mais je ne suis pas certain. Puis-je la présenter ?
- Je n'ai aucune idée de ce que l'on pourrait faire. As-tu des propositions ?
- S'il te plaît, dis-moi si ça te convient ou pas, mais je propose que l'on avance.
- Je n'ai jamais rencontré ce type de situation. Je vais pouvoir apprendre avec toi !
- Je ne suis pas sûr de pouvoir contribuer de façon utile, mais je ferai de mon mieux.
- Je n'ai aucune idée sur comment faire. Quelles sont quelques-unes de tes options ?
- Cette situation m'est difficile aussi. Pouvons-nous apprendre comment faire ensemble?
- Dites « s'il vous plaît », « merci », et « désolé » aussi souvent que possible.
- Parlez avec une voix plus douce et plus basse qu'à votre habitude.
- Etc.

Bien entendu, ces introductions en position basse doivent être exprimées de façon bien habitée. Elles ne sont pas que des formules plates et simplistes, elles doivent être habitées. Ces commentaires doivent véhiculer des sentiments de doute, d'incertitude, de vulnérabilité. Ils doivent exprimer le fait que l'on ne sait vraiment rien du tout sur ce que les autres ont besoin de découvrir par eux-mêmes ni sur ce qui peut émerger d'un vrai dialogue équitablement partagé.

- Si vos interlocuteurs réagissent de façon négative, pratiquez le « désolé », et retirez-vous pour vous mettre en position d'écoute ! Faites une deuxième tentative différente un peu plus tard. Votre seul objectif est de rôder la linguistique et le comportement de position basse, avec l'attitude et les émotions correspondantes. Vous ne cherchez pas à placer une idée, vos points de vues, une option, votre décision, vos envies, votre connaissance !

Afin de procéder sans danger, commencez cet exercice dans des situations et en relations sans enjeux majeurs, où le niveau d'implication émotionnel n'est pas trop intense. Pratiquez en famille, avec des enfants, avec des amis, dans vos loisirs, avec des voisins, lorsque vous faites des courses, etc. L'objectif est de répéter et re répéter, encore et encore, cette nouvelle compétence. Vous observerez rapidement qu'il y a de nombreux avantages relationnels et professionnel à pratiquer la position basse partout, de façon régulière, avec tout le monde.

- Votre premier objectif est d'apprendre à formuler ces phrases afin de vraiment percevoir vos sentiments, lorsqu'ils émergent avec les mots. N'évitez pas ces sentiments. Regardez dans quelle fragilité ils vous mènent !
- Votre deuxième objectif est d'apprendre comment véritablement habiter une position d'accueil et d'écoute de l'autre et de la situation, une fois que vous laissez la place à ce qui peut émerger.

A chaque fois que vous percevez que vos expressions de position basse permettent des résultats inattendus, que les autres se rapprochent de vous, qu'ils s'ouvrent et partagent plus, qu'ils assument leurs responsabilités et prennent plus d'initiative, qu'ils vous informent, etc. vous saurez que vous progressez.

Dans le temps et afin de consolider le processus d'apprentissage de cette micro-compétence, continuez à pratiquer au moins pendant un mois complet. Ce comportement et l'attitude correspondante commenceront alors à s'inscrire dans vos habitudes. Afin d'en tirer des bénéfices encore plus conséquents et afin de servir de modèle au sein de vos systèmes collectifs personnels et professionnels, continuez à le pratiquer de façon consciente encore quelques mois supplémentaires.

La vulnérabilité affichée

Afin de concrétiser cette posture de coach ou leader essentiellement humble ou modeste, les professionnels plus systémiques peuvent aussi très simplement partager leur propre vulnérabilité avec leurs clients, de façon honnête et authentique. Incarnée d'une manière sincèrement humaine. Une telle attitude serait l'équivalent d'une posture basse. Elle pourrait être formulée en un simple énoncé: « Moi non plus je suis pas parfait ».

- **Exemple :** Lorsqu'un client exprime une difficulté à agir dans un dans un domaine particulier, par exemple dans la gestion d'un groupe d'adolescents bruyants et turbulents, dans l'apprentissage de la natation, dans une prise de risque professionnel, dans le démarchage téléphonique, etc. le coach peut compatir et partager : « je sais ce que vous voulez dire. J'ai le même problème, et ce n'est vraiment pas facile pour moi non plus ».

Notez que ce type de commentaire est dans le temps présent. La personne en apprentissage parle d'elle-même. En aucun cas l'apprenti en position basse ne fait-il semblant d'être au-delà du problème, de l'avoir résolu dans le passé. Cela indiquerait une position haute, plus mûre ou plus avancée que celle de l'autre. Ce dernier serait alors en droit de demander comment son interlocuteur a résolu sa situation, validant ainsi son savoir, et sa propre incompétence personnelle.

Bien entendu, un tel partage en position basse, formulé de façon vraiment modeste et illustrant une position de partenariat paritaire repose sur la prise de conscience systémique que les autres assument des ambitions, se posent des questions, admettent des vulnérabilités, etc. qui sont identiques ou très similaires à celles de tout-un-chacun.

En effet, nous avons tous les mêmes enjeux existentiels. Autant l'assumer ! Ce type de posture modeste et positive pourrait être appelée une position symétrique dans la position basse, l'un et l'autre reflétant leurs vulnérabilités communes. Mais cette attitude et ce type de partage de modestie ouvrent très simplement la porte à un partenariat authentique dans la vulnérabilité partagée. En effet, si nous pouvons ensemble être authentiquement vulnérables sur des questions et des ambitions semblables (sinon identiques), nous pouvons également devenir des partenaire dans une quête commune de solutions et de croissance.

- **Attention :** Plus important encore, à chaque fois que nous nous rendons compte que nous sommes émotionnellement impliqués dans le contenu des préoccupations des autres, nous pourrions aussi le partager.

En situation de coaching systémique

Pour illustrer, lorsque des coachs se rendent compte que leur client plonge dans une situation dangereusement semblable à une autre également difficile dans leur propre vie privée ou professionnelle, ils pourraient également en faire part au client.

Dans ce type de situation, les coachs doivent être éthiques et transparents et dire à leurs clients qu'ils ont eux aussi un problème similaire et que leur implication émotionnelle pourraient affecter la qualité de leur présence pendant le coaching.

Coachs et clients pourraient alors arriver à l'accord suivant : en cas de projections indues dans l'enjeu du client, ce dernier pourrait alors alerter le coach. Ce qui pourrait alors assurer un partenariat de développement plus juste et plus éthique.

En outre, à chaque fois qu'un coach perçoit que la qualité de la relation pourrait affecter leur partenariat, il devrait en informer ou avertir son client pour parvenir ensemble à remettre leur relation sur des rails plus pertinents.

- **Exemple :** « Je me rends compte que depuis un moment, je suis impatient, et tu dois le sentir. Je vais me calmer et te laisser avancer à ton rythme. Et fais-moi signe si ça se reproduit.

Certes, ce type de partage avec un client pourrait être perçu comme des lacunes de coach. Ce n'est pas facile à assumer. Beaucoup de coachs pourraient sentir que cela pourrait les disqualifier. Le fait est que toute la transparence authentique assumée par un coach, son imperfection et sa vulnérabilité partagée, aident souvent, très paradoxalement, à consolider le partenariat et la capacité du client à pleinement assumer ses propres problèmes et ambitions. En effet :

- Lorsque les coachs incarnent leurs vulnérabilités personnelles et les partagent avec leurs clients avec des mots simples et avec modération, ils assument une posture de modestie.

- Ils modélisent respectueusement que lorsque les clients font face à des questions difficiles, des sentiments de fragilité, des craintes, des lacunes, des ambitions surdimensionnées, une tristesse, etc. ils sont juste normalement humains.
- Lorsque les coachs reconnaissent leurs propres difficultés personnelles et professionnelles avec honnêteté, paradoxalement, ils aident leurs clients à se prendre en main pour aussi assumer et dépasser leurs propres difficultés et enjeux.
- Paradoxalement et en retour, lorsque les clients développent leur propre capacité à construire, à réaliser et à grandir, ils modélisent la façon dont leurs coachs peuvent aussi réussir sur des terrains similaires.

Afin de conclure, conformément au concept de la « puissance de la vulnérabilité » de Brene Brown[19], la relation de coaching est construite sur un type de rapport très particulier :

- D'une part, en admettant leur sentiment d'impuissance, les prospects et employés entrent d'abord dans la relation professionnelle ou de coaching avec une position relativement faible. Ils s'attendent à ce que leurs coachs et managers prennent une position complémentaire de connaissance, de puissance ou de leadership.
- D'autre part, les managers, parents et coachs accueillent respectueusement ces partenaires en affichant leur propre vulnérabilité en position basse, de façon simple et modestement positive, en incarnant une forme d'humilité confiante et transparente.

Cette posture de position basse permet de se situer à côté de l'autre, sur un terrain commun. Il sert à initier un partenariat solide et honnête qui permettra aux uns et aux autres de s'accompagner réciproquement, de manière constructive, afin de grandir ensemble.

Inutile de souligner que cette stratégie systémique de coach est exactement celle qui pourrait être mise en œuvre par un leader, parent, manager ou partenaire plus opérationnel.

Ceux-ci peuvent aussi faciliter des résolutions de problèmes et des mobilisations collectives lorsque avec leurs troupes, ils acceptent de faire preuve de modestie ou d'humilité. Ils ont juste à très simplement incarner, avec confiance, leurs propres sentiments de vulnérabilité, afin de laisser les

---

[19] Consultez https://www.amazon.com/Braving-Wilderness-Quest-Belonging-Courage/dp/0812995848

autres se déployer dans l'espace laissé libre : celui qu'ils choisissent de ne pas occuper.

VII

LE COACHING SYSTEMIQUE INDIVIDUEL ET D'EQUIPE

Exemple :
Au démarrage d'un rendez-vous un coach propose à son client de s'asseoir, le laissant choisir sa place, entre deux chaises vides, prévues à cet effet. Le client déjà en réflexion sur son sujet de coaching saisit une des chaises par le dossier, la recule de quelques centimètres, puis la rapproche, puis la recule à nouveau, en hésitant, ses yeux évaluant sans cesse la distance entre les chaises. Il s'installe enfin, se rapproche une dernière fois de l'autre chaise, puis attend que le coach prenne sa place en face de lui.

Le coach encore debout dit alors :
- « A vous observer, il semble que vous cherchez la juste distance, peut-être entre nous, peut-être dans une autre situation qui vous préoccupe. »

Passé un instant de stupéfaction, le client expliqua sont enjeu. Il venait de recruter un directeur opérationnel pour diriger une de ses sociétés et se demandait quelle serait la bonne distance de délégation. Il savait pertinemment qu'il fallait lui laisser de l'espace mais tout en se disant aussi que le nouvel arrivant ne connaissait pas grand-chose du métier de l'entreprise et aurait sans doute besoin d'un soutien plus important pendant un temps d'intégration.

L'enjeu du client fut vite posé en termes très simples. Le coach encore debout proposa rapidement au client de directement s'adresser au nouveau directeur, comme s'il était assis sur la chaise en face, afin de lui formuler une proposition d'accompagnement de prise de poste.

L'exemple ci-dessus illustre que pour un coach systémique, la forme ou les patterns de tout ce qui se passe en amont d'un coaching fournit des indications précises sur les enjeux à venir du client pas encore présent. Il est donc utile pour le coach d'être attentif à l'enchainement de petits détails, d'événements, de comportements et de communications qui précèdent l'instant de coaching avec un client.

Comme dans l'exemple ci-dessus, les comportements observés peuvent être directement attribuables au client qui manifeste sa préoccupation de façon inconsciente en déplaçant la chaise qu'il souhaite occuper en face de l'autre.

- Bien souvent pour un coach débutant, il est plus difficile de trouver un lien de causalité directe entre l'observable qui précède un coaching et le contenu apporté par le client. Ce type de regard systémique, éminemment inclusif, n'est pas courant.

Exemple
Un directeur financier expatrié à New York depuis quatre ans et en fin de mission cherche son poste suivant. Il souhaite revenir en Europe avec un poste équivalent soit dans son entreprise, soit ailleurs. Au sein de son organisation, son dossier ne semble pas avancer. La RH semble patiner, temporiser. Le directeur décide de prendre les choses en mains et de chercher son futur poste en s'adressant directement à sa hiérarchie, d'autres divisions et sociétés du groupe, et ailleurs.

Il parle aussi à son coach d'un souci plus personnel. Son appartement arrive en fin de bail bien trop tôt, et le propriétaire ne semble pas vouloir renouveler pour une période courte, veut peut-être augmenter le loyer, mais ne dit pas les choses clairement. En plus de ses recherches de futur poste en Europe, le client doit donc aussi déménager sa famille dans un autre appartement New-Yorkais juste pour quelques mois, en attendant un autre déménagement plus conséquent vers l'Europe. La situation professionnelle et familiale semblaient bien complexes à gérer. Le temps passait et les échéances approchèrent.

Un déblocage salutaire eut lieu dans la sphère habitation. Dans le même immeuble, à quelques étages près, un appartement de la même forme et taille libérait pour six mois. Il était orienté dans le sens opposé, vers l'est plutôt que l'ouest. Cela simplifiait tout l'enjeu du déménagement familial.

Lorsque le coach apprit la nouvelle, il dit simplement : Si ce qui se déroule avait un sens symbolique au niveau professionnel aussi, tu vas vite trouver un poste équivalent, au même étage, dans la même société ou immeuble, simplement orienté Est plutôt qu'Ouest. Il sera peut-être temporaire, en attendant un plus grand changement. Par hasard, il se trouve que dans le mois qui suit, il eut effectivement une proposition de poste équivalent dans la même société, en Europe.

Cet exemple plus complexe illustre l'occurrence de reflets, de formes ou de patterns dans deux dimensions relativement distinctes : l'appartement familial d'une part, et le contexte professionnel d'autre part.

Un coach systémique tient compte de ces résonances entre différents espaces de la vie d'un client. Il les écoute, saisit le sens qu'elles véhiculent et s'en sert pour accompagner la réflexion et l'action de ses clients. En se reposant sur la notion fractale issue de la nature comme de la mécanique quantique, un coach systémique considère que toutes les actions d'un client véhiculent des formes communes, un sens cohérent, une synchronicité en résonnance.

De façon pratique dans l'exemple ci-dessus il est utile de relever un certain nombre d'éléments qui, ensemble, peuvent servir à préciser le mouvement du client.

- Il arrive presque simultanément à une fin de contrat et de bail et fait face à un déménagement à la fois personnel et professionnel.
- Dans ces deux domaines, il perçoit qu'il a deux interlocuteurs privilégiés qui ne lui semblent pas favorables, utiles ou clairs : le RH d'un côté, son bailleur d'appartement de l'autre.
- Ce constat le pousse à prendre les choses en mains. Il cherche son poste tout seul, comme il chasse un autre appartement. Jusque là les choses semblent se dérouler en relative co-incidence ou synchronicité.

Puis il trouve un nouvel appartement qui a des caractéristiques précises : dans le même immeuble, avec la même configuration, dans une orientation inversée, une facilité dans les échanges, et conclut par un accord rapide. Il peut sembler normal que le même type de déroulement survienne sous peu dans le champ professionnel aussi, avec des caractéristiques équivalentes. C'est ce qui eut lieu.

Regard systémique sur la conduite de réunions

Vous souhaitez démarrer votre réunion à l'heure. Alors vous annoncez de façon audible : « Il est dix heures. On démarre ? » Un des participants réagit immédiatement en annonçant tout aussi clairement et à l'ensemble de l'assistance « Michel et Odile ne sont pas encore arrivés ».

Quels indicateurs d'inefficacité pouvez-vous immédiatement relever? Attention, ils ne concernent pas seulement la réunion en cours mais aussi et surtout de nombreux autres processus opérationnels, à la fois caractéristiques de la culture de cette équipe et de celle de l'ensemble de votre entreprise !

- Ne sous-estimez jamais l'importance d'une petite séquence interactive ! Elle véhicule tout un univers.

Du local au global
Un simple petit échange de quelques secondes tel celui illustré ci-dessus peut en effet être très riche en enseignements systémiques. Considérez les suivants :

- Vous connaissez les membres de l'équipe et vous savez pertinemment qu'il manque deux personnes. Votre demande initiale ne porte pas sur ce point, mais sur le démarrage à l'heure prévue, sur le délai contractuel. La réponse illustre que cela pose un problème.
- Au niveau logique, cette réponse immédiate concerne deux absents. Cela change le sujet.
- De fait, la réponse sous-entend que si vous aviez remarqué ces deux absences, vous en tiendriez compte en posant plutôt une question sur le motif des absences, ou alors vous proposeriez très simplement d'attendre les retardataires pour ensuite démarrer.

En somme, cette réponse immédiate et naturelle propose un cadre de référence et un système de valeurs alternatif voire opposé au vôtre : Plutôt que démarrer à l'heure, attendons les derniers arrivants. Cette alternative n'est pas neutre. Elle véhicule tout un autre paradigme de fonctionnement collectif :

- Démarrer à l'heure privilégie plutôt les personnes présentes et la tâche à accomplir. Il s'agit de respecter les délais préalablement établis. Au sein d'un collectif efficace, cette option met les retardataires en situation d'inconfort voire de confrontation dans le constat clair de leur non-respect du contrat. Surtout, c'est un contrat sur lequel tous les autres choisissent de s'aligner. Il s'agit là d'un indicateur de culture de performance.
- En revanche, l'option de reporter le démarrage jusqu'à l'arrivée des deux retardataires privilégie clairement un ré-alignement de l'ensemble de l'équipe dans l'adaptation collective dans le sens d'une protection de la minorité moins respectueuse du contrat initial. Il s'agit là d'un indicateur de culture bien plus relationnelle.

Considérez qu'au cours d'une simple réunion parmi d'autres, l'enjeu dans un sens ou dans l'autre n'est pas tellement important, alors pourquoi ne pas attendre un peu ? Les arguments de gentillesse, de bienveillance, de politesse, du politiquement correct, etc. ne manqueront certainement pas. toutefois, au niveau systémique, fractal et viral, les conséquences de tout choix anodin méritent réflexion.

- Lorsqu'un report est acceptable pour attendre certains retardataires, il devrait être appliqué de façon équitable à tous les membres de l'équipe.

Ce n'est souvent pas le cas. Cela permet de constater que certaines personnes ont bien plus de poids que d'autres pour provoquer des ajustements collectifs. Généralement les plus anciens barons se font attendre plus souvent et plus longtemps. C'est leur privilège. En revanche, si des participants plus jeunes ou moins signifiants sont en retard, la réunion peut démarrer sans eux. Cela illustre que cette équipe, voire cette entreprise, privilégie le confort des anciens, leurs avantages acquis, leur privilège social, etc. plutôt qu'un comportement collectif plus respectueux des contrats énoncés.

- Quelquefois la qualité du retardataire importe peu. L'enjeu est surtout de contrer les tentatives d'efficacité déployées par l'animateur, représentant symbolique du leader ou de la direction.

A chaque situation précise ou locale ses motivations spécifiques, ses enjeux particuliers, ses solutions utiles. Il ne s'agit pas de généraliser.

Considérez toutefois que si à chaque fois, des retardataires différents sont protégés par les participants présents, cela révèle plutôt une culture collective, plus générale ou globale, de bienveillance réciproque. Dans ce cas, chacun peut interpréter que les différentes clauses qui constituent les contrats collectifs sont ajustables : Les délais n'ont qu'une valeur indicative. Ils ne sont respectés que s'ils ne mettent personne en situation d'inconfort. Bien entendu, cela vaut pour toutes les autres clauses :

- Si le report est acceptable pour attendre des retardataires, alors pourquoi chacun devrait-il arriver à l'heure ? Pourquoi d'ailleurs respecter n'importe quelle clause de qualité, éthique ou de procédure ? Autant se mettre en porte-à-faux de façon régulière pour créer de l'exception, afin de se faire remarquer, pour se rendre indispensable sinon incontournable.
- Si la gestion du temps des réunions de cette équipe se produit régulièrement de façon similaire, combien d'autres réunions servent surtout à former ou confirmer une culture collective identique, déclinée au sein l'entreprise toute entière par de telles micro-séquences comportementales ?

Comment alors les personnes, équipes ou départements les plus lents donnent-ils le rythme de l'ensemble de la recherche, du développement, de la production, de la vente, de la livraison aux clients, de la facturation, etc. dans l'ensemble de l'entreprise ?

- Comment est-ce utile pour l'ensemble du système d'avoir et de renforcer ce type d'excuse, ce processus fractal : un maillon faible à protéger et qui protège ?

Sachez en effet qu'un retard, le non respect d'un accord établi et toutes les stratégies d'exception permettent de ne pas se mettre sous la pression d'avoir à commencer à l'heure, à finir dans les délais, à respecter les accords collectifs, à construire un réel alignement collaboratif équitable. Cela peut arranger tout le monde d'avoir une telle excuse anodine.

De la micro-séquence à la culture d'entreprise.

Le propos n'est pas ici de dire qu'il faut démarrer à l'heure à tout prix. C'est plutôt le processus qui mérite notre attention de coachs systémiques. Le propos est d'illustrer que tous nos choix comportementaux sont résolument stratégiques, même au sein de nos interactions les plus anodines, tout le temps. Le diable, comme tous fonctionnements et dysfonctionnements se cache au sein des petits détails de nos interactions quotidiennes, dans les plis des interfaces entre un commentaire initial et sa réponse immédiate.

- Les mini-séquences interactives de moins d'une ou deux minutes illustrent trop souvent la qualité ou la forme de processus bien plus conséquents. Ceux là mêmes qui structurent les modes opératoires de nos collectifs bien plus larges dont les enjeux sont bien plus vitaux.

Qui vole un œuf vole un bœuf, dit-on. Cela illustre qu'un processus local ne doit jamais être considéré comme anodin, même s'il ne dure que quelques secondes pour accomplir un résultat minimal et immédiat. Même apparemment inoffensif, une toute petite pollution locale, par exemple, présente avec précision et fidélité les principes qui structurent la culture active au sein de l'ensemble systémique environnant. Ce même processus est actif au cours de séquences bien plus longues, entre entités bien plus conséquentes, et dont les enjeux sont bien plus stratégiques.

- Toute mini-interaction locale est une forme de reproduction fractale qui se manifeste à des échelles très différentes, partout au niveau global. Elle représente une forme d'ADN comportemental dont la présence est observable à la fois au niveau d'un partenariat, d'une équipe, d'un département, au sein d'une entreprise ou d'une nation toute entière. Sinon plus.

Par conséquent, toute volonté de changement global doit d'abord être initié au niveau de notre l'immédiateté locale. C'est seulement en se confrontant à des petites modifications comportementales utiles, au cours de mini-séquences anodines et ceci de façon systématique dans tous les détails de nos interactions quotidiennes, que l'on pourra amorcer des changements plus globaux. Par modélisation, reproduction ou effet viral, seules ces mini-modifications quotidiennes au niveau de l'anodin permettront les évolutions plus conséquentes que nous espérons mesurer entre des ensembles bien plus larges, aux enjeux bien plus importants.

- En somme, il est futile voire illusoire de vouloir accomplir des résultats efficaces ou performants au niveau de nos équipes et organisations, en faisant l'impasse sur toutes nos petites habitudes inopérantes, toutes nos mini-compromissions quotidiennes.

Comment faire ?

Lors de votre prochaine réunion, écoutez autrement : Remarquez la qualité de chaque séquence interactive. Qui occupe le terrain, qui le laisse à prendre ? Qui se désintéresse lorsque qui d'autre parle ? Qui contredit et qui soutient? Qui attaque, qui se défend, qui laisse tomber, qui temporise, etc. ? Qui consulte sa messagerie a un moment stratégique ?

Apprenez à reconnaitre des séquences plus longues : les causes et les effets de compétition et de collaboration, de désintérêt et de soutien, d'union et de dé solidarité, de hausses et de baisses d'énergie, de ténacité et d'abandon, etc. Ces séquences se produisent surtout entre qui et qui ?

Examinez avec attention le déroulement du processus de cette réunion de très près, comme s'il était bien plus important que le sujet traité.

- Les caractéristiques d'un processus ou de la forme d'une interaction ont plus d'effet sur le résultat de l'échange que tout ce qui peut être perçu ou mesuré au niveau de son contenu. C'est dans la qualité de la forme que réside l'essentiel du message.

Lorsque vous avez relevé les processus de votre réunion, ceux qui se déclinent d'une phrase à l'autre, d'une contribution à la suivante, prenez un peu de recul. Chacune de ces petites séquences de communication illustre exactement, de façon fractale, la qualité des relations professionnelles qui se produisent par ailleurs dans votre entreprise : entre personnes, entre services, entre départements, entre divisions.

- Quel que soit le sujet de la réunion que vous observez, c'est au sein de la qualité de ces échanges que se déploie la réalité interactive et collaborative caractéristiques de l'ensemble du système que représente votre entreprise.

Si vous ne captez pas tout, ce n'est pas grave. Vous aurez bien d'autres occasions pour parfaire votre étude. Quels que soit leurs sujets, les prochaines réunions offriront des répétitions du même processus, mettant en scène les mêmes interactions entre les mêmes personnes dans presque le même ordre. En effet, les réunions d'un système donné sont vécues comme ennuyeuses surtout parce qu'au fil du temps, par itération, leur forme est devenue presque totalement prévisible. C'est à chaque fois du déjà vu.

- Les sujets de beaucoup de réunions, les débats sur des contenus divers et variés, ne sont que des prétextes qui servent à inlassablement répéter des processus interactifs précis. C'est cette forme fractale qui montre qui nous sommes en tant que système collectif.

Au sein d'une même organisation, il est possible d'aiguiser votre capacité à observer cette culture collective en observant ces mêmes formes interactives un peu partout : elles sont reproduites ou déployées de façon presque identique au sein de toutes les équipes. Pourtant, chacune d'entre elles est constituée de personnes totalement différentes.

- Au sein d'une même organisation et au niveau de la forme ou des processus, les membres de diverses équipes sont souvent des participants interchangeables.

Leur présence ici ou là n'est qu'un prétexte qui sert à véhiculer des rôles prévisibles, répéter des processus clés, mettre en scène des interactions plus ou moins complexes, totalement caractéristiques de la culture de cette organisation.

Afin d'amorcer un changement viral

Rien ne sert de changer de sujets, de mieux préparer des contenus innovants, de changer les participants ici ou là. Il nous faut plutôt œuvrer à modifier la qualité des mini séquences interactives afin d'amorcer des modifications pertinentes, plus constructives, paritaires, collaboratrices, respectueuses des accords préalablement établis. Il nous faut commencer par changer le détail de chaque échange, sans tenir compte du sujet ni des personnes. Jamais ne rien laisser passer qui ne fait pas avancer l'ensemble vers sa finalité choisie.

- Il faut arrêter toutes les petites compromissions locales, que nous acceptons en nous disant que nous privilégions l'ensemble plus large. Pour sauver l'ensemble il faut plutôt commencer par ôter chaque petit grain de sable interactif qui parasite les enchainements dans chaque petite interaction.

Pour le coach, manager, parent... systémique, cela nécessite une réelle écoute du détail de la qualité des interfaces. Chaque échange stérile doit devenir une opportunité de rodage d'un autre échange de remplacement, plutôt centré sur un résultat plus collaboratif et constructif. Ce minutieux changement d'habitudes doit progressivement être assumé par tous, afin de s'assurer de son évolution rapide, vers une culture plus respectueuse, efficace, collective et paritaire.

BIBLIOGRAPHIE

SYSTEMIQUE

BATESON, Gregory
Steps to an ecology of mind, Ballantine Books, 1972

BOULANGER-PERELMAN
Le réseau et l'infini, Nathan, 1990

CAPRA, Fritjof
Le temps du changement, Ed. du Rocher, 1983
Le Tao de la physique, Sand, 1985
La sagesse des sages, L'âge du Verseau, 1988

CARDON, Alain
Pour changer (avec J.M. Bailleux), Paris, Ed d'Organisations, 1998

COHEN, Jack and STEWART, Ian
The Collapse of Chaos, Viking Penguin, 1994

DURAND, Daniel
La Systémique, P.U.F., 1987

GIRARD, René
Le bouc émissaire, Grasset
Des choses cachées depuis la fondation du monde, Grasset, 1978
La violence et le sacré, Grasset, 1972

HESSE, Hermann
Le jeu des perles de verre, Almann-Levy, 1955

MALAREWICZ J.A.
Cours d'hypnose clinique, E.S.F., 1990
Quatorze leçons de thérapie stratégique, ESF, 1992
Comment la thérapie vient au thérapeute, ESF, 1996
Guide du voyageur perdu dans le dédale des relations humaines ESF, 1992
Le couple: quatorze définitions décourageantes, donc très utiles, Laffont, 1999
Systémique et Entreprise, Village Mondial, 2000

MARC-PICARD
L'école de Palo Alto, Ed. Organisation, 1984

MELESE, Jacques
Approches systémiques des organisations, Ed. d'Organisation, 1990

PRIROGINE, Ilia
La fin des certitudes, Ed Odile Jacob, Paris 1996

SALOFF-COSTE Michel
Management systémique de la complexité, ADITECH, 1990

SELVINI-PALAZZOLI
Le magicien sans magie, ESF, 1980
Paradoxe et contre paradoxe, ESF, 1979
Dans les coulisses de l'organisation, ESF, 1984
Les jeux psychotiques dans la famille, ESF, 1990

SHELDRAKE, Rupert
The presence of the past, morphic resonance and the habits of nature, Park Street Press, 1988

TALBOT, Michael
The holographic universe, Harper Collins, 1991

TOMAN, Walter
Constellations fraternelles et structures familiales, ESF, 1987

VOLK, Tyler
Metapatterns across space, time and mind, Columbia University Press, 1995

WATZLAWICK, Paul
Faites vous-même votre malheur, Seuil, 1984
Changements, paradoxes et psychothérapies, Seuil, 1981
Le langage du changement, Seuil, 1980
Une logique de la communication, Seuil, 1979

WHITE, William L.
Incest in the organizational family, The ecology of burnout in closed systems, Lighthouse Training Institute Publication, Bloomington Illinois, 1986

WOLF, Fred Alan
Taking the Quantum Leap, Harper and Row, 1981

ZOHAR, Danah and Marshall, Ian
The Quantum Society, William Morrow and co. NY, 1994

ZUKAV, Gary
The dancing wu li masters, Bantam Books, 1979

SYNCHRONICITE

JAWORSKI, Joseph
Synchronicity, the inner path of leadership, Berrett-Koehler publishers, 1998

JUNG, C.G.

Ma vie, Gallimard, 1966
L'homme et ses symboles, Laffont, 1964
Synchronicity, Princeton University Press, 1973

PEAT, David F.
Synchronicité, le pont entre l 'esprit et la matière, Le Mail, 1998

PERROT, Étienne et WILHELM, Richard
Yi-king, Librairie Médias
Tao-te-king (Lao Tseu), Librairie Médias

PROGOFF, Ira
Jung, synchronicity and human destiny, Julian Press 1987

NARBY, Jeremy
Le serpent Cosmique, l'ADN et les origines du savoir, Ed GEORG, Genève, 1995

VARELA, F., THOMPSON, E., ROSCH, E.
L'Inscription Corporelle de l'Esprit, Sciences Cognitives et Expérience Humaine
Seuil, Paris, 1993

VON FRANZ, Maire Louise,
Nombre et temps, La fontaine de Pierre, 1983
La psychologie de la divination, Albin Michel, 1995
La synchonicité, l'âme et la science, Albin Michel 1995
Matière et psyché, Albin Michel,

ANALYSE TRANSACTIONNELLE

BERNE, Éric
Que dites-vous après avoir dit bonjour ? Paris, Tchou, 1977, 374 p.
Des jeux et des hommes, Paris, Seuil, 1966, 212 p

BECQUEREAU, Christian
Process Com pour les managers, Paris, Eyrolles, 2008

CARDON, Alain
L'Analyse transactionnelle (avec V. LENHARDT et P. NICOLAS), Paris, Ed. d'Organisation, 1979
Jeux pédagogiques et analyse transactionnelle, Paris, Ed. d'Organisation, 1981
Vocabulaire d'analyse transactionnelle (avec L. MERMET), Paris, Ed. d'Organisation, 1982
Jeux de manipulation, Paris, Ed d'Organisations, 1995

English, Fanita
"S'épanouir tout au long de sa vie" - InterEditions,2010

JAMES, Muriel
Naître gagnant, Inter-éditions, 1978

COACHING

MEYER, Daniel
Le Coaching du team avec Solution Circle, Editions à la Carte SA, 2006

MALAREWICZ, J-A.
Réussir un Coaching, Village Mondial, 2003

STACKE, Edouard
Coaching d'entreprises, Village Mondial, 2000

WHITMORE, John
Le guide du coaching, Paris, Maxima, 2002

CULTURES

ARDREY, Robert
The territorial imperative, Delta Books, 1966

CARDON, Alain
Profils d'équipes et cultures d'entreprises, Paris, Ed. d'Organisation, 1992

HALL, Edward T.
La différence cachée, Stern, 1984
Le langage silencieux, Seuil, 1984
La dimension cachée, Seuil, 1971
La danse de la vie, Seuil, 1984
Au delà de la culture, Seuil, 1979
Guide du comportement dans les affaires internationales, Seuil, 1990

BAUDRY, Pascal
L'autre rive : Comprendre les Américains pour comprendre les Français, (Cyberlivre en accès libre sur le site www.pbaudry.com, 2000-2002,) Village Mondial, février 2003.

GOFFMAN, Irving
Asylums, Anchorbook, 1951
The presentation of self in everyday life, Anchorbook, 1961
Strategic interaction, Ballantine Books, 1975

MORRIS, Desmond
La clef des gestes, Grasset, 1978

MANAGEMENT

CARDON, ALAIN
Le manager et son équipe, Paris, Ed. d'Organisation, 1986
Décider en équipe, Paris, Ed d'Organisations, 1992

BENNAYOUN, Raphaël
Entreprises en éveil, E.M.E., 1979

GODARD, Alain et LENHARDT, Vincent
Engagements, Espoirs, Rêves, Village mondial, 1999

HERSEY-BLANCHARD
Management of organizational behaviour, Prentice-Hall, 1982

KAHLER, Taibi

Manager en personne, Inter-éditions

LANDIER, Hubert
L'entreprise poly-cellulaire, E.M.E., 1989

LENHARDT, Vincent
Les responsables porteurs de sens, Insep Editions, 1992
Engagements, Espoirs, rêves (avec GODDARD), Village Mondial, 1999

MORRIS, Langdon
Managing the evolving organization, NY, Van Nostrand Reinhold, 1995

PETERS et WATERMAN
Le prix de l'excellence, Paris, Inter-éditions, 1983

SENGE, Peter
The fifth discipline, Doubleday, 1990

SETTON, Alain
Bible et Management, Desclée de Brouwer, 2003

WALTER, Michel
Votre personnalité de manager, Ed. d'Organisation, 1988

PSYCHOLOGIE

BROWN, Norman O.
Love's Body, Vintagebook, 1976

DODSON, Fitzhugh
Tout se joue avant 6 ans, Marabout
Le père et son enfant, Marabout, 1974

GRODDECK
Le livre du ça, Gallimard, 1973

GROFF, Stanislas
Psychologie transpersonnelle, Rocher, 1984

BACHELARD Gaston
La psychanalyse du feu, P.U.F.
La poétique de l'espace, P.U.F., 1978

ERICKSON, Milton H.
Ma voix t'accompagnera, Paris, Hommes et Groupes, 1986

NOUVELLES CLES
Le livre de l'essentiel, Albin Michel, 1995

SINGER, Christiane
Les âges de la vie, Albin Michel1984
Histoire d'âme, Albin Michel, 1989
Où cours-tu ? Ne sais tu pas que le ciel est en toi ? Albin Michel, 2001

Une Passion, Albin Michel, 1992

SOCIOLOGIE:

ALINSKY, Saül
Manuel de l'animateur social, Seuil, Paris

ANZIEU-MARTIN
La dynamique des groupes restreints, P.U.F., Paris, 1968

Printed in Great Britain
by Amazon

42367097R00080